기후 위기를 걱정하는
당신을 위한

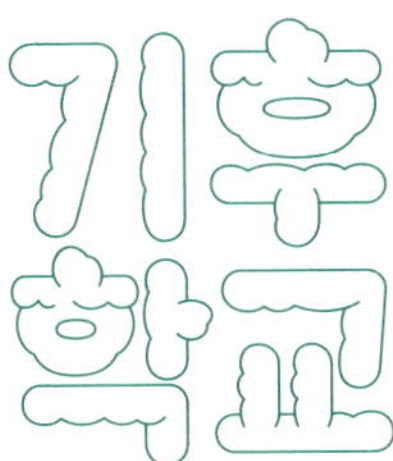
기후
학교

기후 위기를 걱정하는
당신을 위한

기후 위기를 걱정하는 당신을 위한 기후 학교

제1판 제1쇄 발행일 2026년 3월 15일

글 _ 조천호, 김현우, 김보미, 장혜영, 최형미, 권우현, 강은빈
기획 _ 환경운동연합, 책도둑(박정훈, 박정식, 김민호)
디자인 _ 채홍디자인
펴낸이 _ 김은지
펴낸곳 _ 철수와영희
등록번호 _ 제319-2005-42호
주소 _ 서울시 마포구 월드컵로 65, 302호(망원동, 양경회관)
전화 _ 02) 332-0815
팩스 _ 02) 6003-1958
전자우편 _ chulsu815@hanmail.net

ISBN 979-11-7153-042-7 43300

철수와영희 출판사는 '어린이' 철수와 영희, '어른' 철수와 영희에게
도움 되는 책을 펴내기 위해 노력합니다.

기획 | 환경운동연합

글 | 조천호, 김현우, 김보미, 장혜영, 최형미, 권우현, 강은빈

철수와영희

기후 위기에 맞선 생각의 좌표

기후 변화 대신 '기후 위기'라는 단어가 본격적으로 사용되기 시작한 지는 불과 몇 년밖에 되지 않았습니다. 되돌릴 수 없는 티핑 포인트를 넘기 전에 비상한 대응이 필요하다는 인식과 공감대는 분명히 확산되고 있지만, 현실은 여전히 갈 길이 멉니다. 그동안 시민들의 강력한 요구와 행동에 힘입어 한국 사회 역시 2050 탄소 중립을 국제 사회에 약속하고, 탄소 중립기본법을 제정하며, 기후·에너지·환경 정책을 총괄하는 정부 조직을 신설하는 등 일정한 변화를 만들어왔습니다.

그러나 그 내용을 들여다보면 많은 정책이 선언과 수사에 머물거나 기존 정책의 포장만 바꾼 수준에 그치고 있습니다. 지금의 부담과 변화를 감수하기보다는 책임을 미래로 떠넘기는 계획이 적지 않습니다. 성장과 발전이라는 이름 아래 기후와 생태계에 심각한 부담을 주는 신공항 건설, 국립공원 케이블카와 같은 난개발이 추진되고 있으며, 위험과 폐기물을 다음 세대에 남기는 핵발전과 같은 잘못된 수단이 여전히 선택되고 있습니다.

기후 위기와 생태 위기가 극복되고, 환경을 우선시하는 것이 사회의 상식이 되어 생태계가 건강하게 지속되는 미래가 필요합니다. 기후 위기는 개인이나 한 국가의 노력만으로 해결할 수 없는 거대한 문제이지만, 동시에 우리가 나서지 않는다면 멈추거나 회복할 수 없는 위기이기도 합니다. 결국 변화는 추상적인 목표가 아니라, 지금 여기에서의 구체적인 행동과 선택에서 시작됩니다.

특히 기후 위기의 영향과 책임이 가장 길게 이어질 세대인 청년들에게 이 위기는 더욱 절실한 현실입니다. 청년은 단지 미래의 주체가 아니라, 이미 오늘의 불평등한 구조와 위험을 가장 먼저, 가장 오래 감당해야 하는 현재의 당사자이기 때문입니다. 청년 기후 학교는 이러한 당사자성이 분노나 무력감에 머무르지 않고, 질문과 학습, 행동으로 이어질 수 있도록 하기 위한 시도였습니다.

이 책은 환경운동연합이 2025년 8월 진행한 청년 기후 학교에 강사로 참여한 분들의 이야기를 담고 있습니다. 현장에서 다양한 방식으로 발로 뛰고 계신 전문가와 활동가들이 자

신의 고민과 경험을 나누고, 함께 질문을 던지며 지금 우리가
무엇을 해야 하는지 모색해왔습니다. 이 책에 담긴 이야기들
은 기후 위기 앞에서 막막함을 느끼는 이들에게 생각의 좌표
를 제공하고, 각자의 자리에서 행동으로 나아갈 수 있는 작은
출발점이 될 것입니다.

　끝으로 강연과 집필에 함께해주신 조천호 박사님, 김현우
소장님, 김보미 변호사님, 장혜영 전 의원님, 최형미 박사님,
권우현 활동가님, 강은빈 활동가님께 깊은 연대의 인사와 감
사의 말씀을 전합니다. 각자의 자리에서 축적해온 지식과 경
험, 그리고 실천의 언어가 이 책을 통해 더 넓게 이어지기를
기대합니다.

안재훈

환경운동연합 사무총장

차례

기후 위기,
파국을 넘어 회복과
연대의 세상으로

조천호

조천호

대기과학자. 30년간 국립기상과학원에서 일했으며 원장으로 퇴임했다. 자전거로 우리나라 곳곳을 돌아다니며 자연에서 위로를 받고 그 상처에 아파한다. 기후 변화가 우리가 살고 싶은 세상과 어떻게 연결되는지 공부하고 있다. 쓴 책으로『파란하늘, 빨간지구』가 있으며, 함께 쓴 책으로『인권으로 살펴본 기후 위기 이야기』,『기후, 기회』등이 있다.

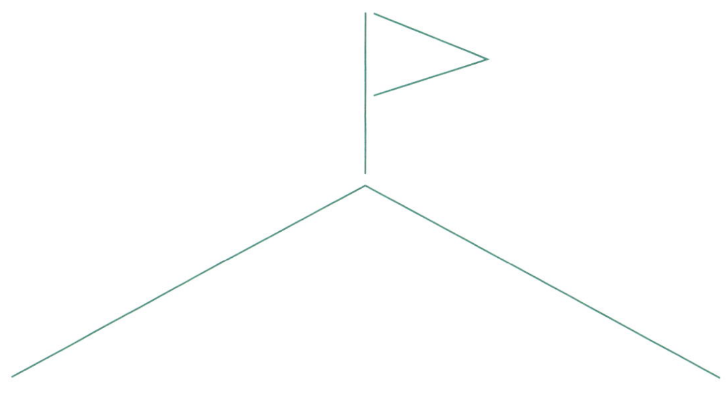

급격한 기온 상승은 극단적인 날씨를 일으킵니다. 이에 따라 마실 수 있는 물, 적절한 식량, 안락한 거주지를 위협하죠. 이는 사회 불안, 정치 분쟁, 난민 발생 등 파괴적인 충돌로 빠르게 번져나갈 수 있어요. 우리는 기후에 막대한 영향력을 행사하게 되었지만, 그 결과 '통제 불가능한 위험'에 빠져들게 되는 것이죠. 그래서 우리가 기후 위기를 우려하는 거죠.

기후 불확실성과 인류 문명

인간 문명은 기후와 밀접한 관계를 맺어왔어요. 지난 100

만 년 동안 10만 년 주기로 간빙기와 빙기가 교차했습니다. 지구의 공전 궤도 변화 때문입니다. 현생 인류인 호모사피엔스Homo sapiens는 약 20~30만 년 전에 출현하여 그 기후 환경에 적응하며 살아남았습니다. 오늘날 우리와 동일한 지능을 가진 인류는 약 5만 년 전에 등장합니다. 이 시기 우리 조상들은 거의 완벽하게 묘사한 동물 그림을 동굴 벽에 남기고 동물 뼈를 갈아서 바늘을 발명해서 바느질을 했어요. 농사를 시작한 신석기는 불과 1만 년 전입니다. 현재의 우리와 같은 지능을 가진 인류가 구석기를 벗어나는 데 왜 수만 년이라는 긴 시간이 걸렸을까요? 답은 '기후'에 있습니다.

문명의 조건

과거 빙기 때는 지금보다 지구 평균 기온이 5℃ 정도 낮았어요. 기온이 내려갈수록 바다에서 증발하는 수증기량이 줄어듭니다. 구름이 많이 안 만들어지니 비가 안 내려 극심한 건조 기후였습니다. 당연히 농사짓기가 어려워지죠. 또 다른 요인으로도 농사짓기가 어려웠습니다. 바람이 불고, 비가 내리고, 기온이 오르내리는 날씨가 발생하는 이유는 고위도 지역보다 저위도 지역이 햇빛을 많이 받기 때문입니다. 이대로 두면 두 지역 간에 에너지 차이가 생기게 됩니다. 자연은 이 차이를 그대로 두지 않고 없애려 합니다. 이 과정에서 날씨 현상이 일어나는 것이죠.

빙기에는 육지 면적의 약 25%가 얼음으로 덮여 있었습니다. 지금은 어떨까요? 오늘날 간빙기에는 전체 육지 면적의 약 10% 정도를 얼음이 차지하고 있어요. 그러니까 빙기에는 지금보다 2.5배나 더 넓은 영역에 빙하가 형성되어 있었던 겁니다. 이러한 차이는 날씨에도 큰 영향을 미칩니다. 빙하는 지구 표면에 도착한 햇빛을 반사해서 우주로 돌려보냅니다. 그래서 극지방은 지금보다 훨씬 추웠어요. 적도와의 에너지 차이가 커지니 그 차이를 없애려고 극단적인 날씨가 심해집니다. 기후학자들은 빙기 때 오늘날보다 극단적인 날씨가 10배 정도로 많았을 것으로 추정하고 있습니다.

오늘날 우리나라에서 극단적인 날씨라면 태풍을 꼽을 수 있겠는데요. 벼 수확기인 가을철에 한반도를 찾는 태풍이 지금보다 10배가 많다고 상상해보세요. 농사가 가능할까요? 1년 내내 고생고생해서 키워놓은 작물이 쓸려나간다면 누가 농사를 짓겠습니까. 빙기 때는 농사를 짓기에 강수량이 너무 적었고 극단적인 날씨가 심했어요. 그래서 수렵과 채집을 하면서 살 수밖에 없었습니다. 구석기 사람들이 우리보다 머리가 나쁘거나 게을러서 떠돌며 산 게 아니에요. 농사가 불가능했기 때문에 그렇게 살았던 것이죠.

2만 년 전부터 기온이 오르기 시작해서 1만 년 전쯤 지금의 기온으로 안정됩니다. 이렇게 기후가 안정되고 나서야 비로소 농업이 출현합니다. '봄에 씨앗 한 알을 뿌리면 가을에 100알이 열려. 설령 태풍이 한차례 온다 해도 60~70알은 건질 수가 있지.' 이 정도 믿음이 있어야 농사를 짓는 거죠. 1만 년 전에야 비로소 그것이 가능해졌고 오늘날 80억 인구를 부양하는 문명을 만들 수 있었습니다. 과거 생존 방식인 수렵과 채집으로는 불가능했을 일이죠. 결론적으로 우리 문명은 안정적인 기후라는 조건 위에 서 있는 것입니다.

오늘날 우리는 안정적인 기후 조건을 무너뜨리고 있어요. 산업 혁명 이후, 지구 평균 기온이 약 1℃가량 상승했습니다. 이대로 가다가는 이번 세기 안에 2℃를 돌파할 거로 봅니다. 화석 연료 사용으로 온실가스 농도가 높아지면서 생긴 결과입니다. 지난 500만 년 동안 지구 평균 기온이 2℃ 이상 올라간 적이 없어요. 인류가 단 한 번도 경험하지 못한 조건입니다. 인류가 지속할지 멸종할지 알 수 없는 불확실성 속으로 스스로 걸어 들어가고 있는 셈입니다. '문명' 하면 반도체나 휴대 전화 같은 첨단 기술 제품을 떠올리죠. 이런 것은 부족하면 부족한 대로 없으면 없는 대로 살아갈 수 있습니다. 그런데 먹거리는 달라요. 없다고 굶으며 살 수 없잖아요. 기후 위기는 우리 문명의 기반을 무너뜨리려 해요.

거대한 가속

제2차 세계 대전 이후 전 세계적으로 경제가 발전하면서 에너지 소비, 인구 등이 급격하게 증가했습니다. 학자들은 이를 '거대한 가속Great Acceleration'이라고 합니다. 이에 따라 지구 환경도 급격히 변해요. 이산화탄소 농도가 증가하고, 오존층이 파괴되었습니다. 기온이 상승하고 해양이 산성화돼요. 또한 이 시기에 '녹색 혁명'으로 식량 생산량이 급증합니다. 이를 위한 비료 성분인 질소와 인의 소비량 증가는 강과 바다에서 녹조와 적조 현상을 일으켜 물 생태계를 파괴합니다.

지구 환경의 변화를 관찰할 때 등장하는 지표 중 하나로 '새우 양식'이 있어요. 열대와 아열대 해안에는 맹그로브 숲이 있어요. 이걸 파괴하고 거기에 새우 양식장을 만들어요. 그래서 새우 양식량 증가는 맹그로브 숲, 즉 해안 생태계 파괴 정도를 보여주는 지표가 돼요. 우리나라는 전 세계에서도 새우를 많이 수입하는 나라 중 하나입니다. 새우를 빙 두른 피자 한 판을 먹을 때마다 맹그로브 숲이 얼마나 파괴되는지 생각해볼 일이에요.

'거대한 가속'이 오늘날 풍족한 삶을 가져다주었지만, 그만큼 지구 환경을 급격하게 파괴하고 있어요. 이는 문명의 실패 때문이 아니라 문명의 성공 때문에 일어난 거죠. 과거의 위험은 홍수, 가뭄, 지진, 화산, 전염병처럼 자연발생적이었습니다. 이는 방제 기술이나 보건 위생 등의 결핍 때문에 일어났습니다. 선진 사회에서는 그러한 결핍을 채움으로써 위험에 대응해왔습니다. 반면에 오늘날 기후 변화, 환경 오염, 오존층 파괴, 생태계 파괴, 오염 먼지 등은 산업 기술의 진보가 가져온 위험입니다. 이는 주로 결핍이 아닌, 더 잘살고자 하는 과잉 욕구 때문에 일어납니다. 결국, 현대 위험은 자연 자체가 아니라 자연을 지배하려는 인류 문명 때문에 일어납니다.

지구는 회복할 수 있을까?

예전에 인간 세상은 거대한 지구에 비해 보잘것없이 작았어요. 그 안에서 지지고 볶고 살면서 뭘 해도 지구는 인간 세상을 보듬어줄 만큼 여유가 있었습니다. 그런데 지금은 정반대로 인간이 만든 세상이 지구를 압도해버렸습니다. 지구는 물질이에요. 물질은 유한합니다. 그런데 우리는 이 세상을 무한히 성장시킬 수 있을 거라 여기죠. 성장은 그만큼 더 많은 자원과 에너지를 사용해야 하고, 그만큼 더 많은 온실가스와 오염 먼지를 내뿜고 쓰레기를 쌓아야 이룰 수 있죠. 화석 연료에 기반한 지난 수십 년간의 폭발적인 사회·경제적 성장은 지구 수용 능력을 넘어서려 해요. 물질적으로 유한한 지구에서 인간의 무한한 욕망은 실현 불가능합니다. 이대로 가다가는 인류가 생존할 수 있는 지구 환경 자체가 곧 고갈될 거예요.

지구의 회복 탄력성

인류는 가파른 절벽 가장자리에 위태롭게 놓인 도로를 달리고 있는 것과 같아요. 까딱하면 굴러떨어질 수 있는 낭떠러지 길이라 해도 보호 난간이 있으면 우리는 안전한 운행을 할 수 있죠. 마찬가지로 지구의 보호 난간은 넘어서는 안 되는 지구위험경계planetary boundaries의 요소로 구성됩니다. 지구위험경계를 안다면, 그 안에서 인류는 생존하고 문명을 지속시킬 수 있죠. 반대로 이 선을 넘어서면, 빈번한 지구 위기와 기상 이변 속에서 생존이 버거워지게 될 거에요.

지구위험경계에서 핵심은 회복 탄력성이에요. 우리가 달리기를 하면 체온이 올라가죠. 그래도 그늘 밑에서 쉬고 나면 체온이 제자리로 돌아오잖아요. 만약 그랬는데도 체온이 떨어지지 않는다면 몸에 이상이 생긴 것이니 병원에 가야 합니다. 우리가 살다 보면 화가 날 때가 있어요. 그때 혈압이 확 오르죠. 그래도 마음이 가라앉으면 다시 혈압이 정상으로 내려오잖아요. 안 그러면 생명에 위협을 받겠죠. 혈관에 무리가 갈 테니까요.

이처럼 우리 몸은 회복 탄력성이 있어서 생명 활동을 계속할 수 있어요. 지구도 마찬가지예요. 어느 정도는 변화를 감내하고 시스템을 유지할 수 있는 능력이 있지요. 그러나 그 회복 탄력성에는 한계가 있습니다. 고무줄도 어느 길이 이상으로 늘렸다가는 탁하고 끊어지잖아요. 과학자들이 경고하는 것이 바로 이 지점이에요. 지금처럼 인류가 내달리다가는 지구가 견디지 못해 결국 문명 붕괴로 이어집니다. 지구위험 경계는 우리가 만드는 세상의 한계를 결정합니다. 인류 생존에 이보다 더 결정적인 조건은 없어요. 기후 변화는 그중에서도 핵심적입니다. 전 지구적인 현상으로 다른 범주에도 크게 영향을 미치기 때문입니다.

지구 온난화

지구는 태양으로부터 받은 에너지를 우주로 방출해야 합

니다. 그러지 않으면 지글지글 끓게 될 거예요. 현재 인간이 증가시킨 온실가스는 1초마다 히로시마에 투하된 원자폭탄 다섯 개에 해당하는 에너지를 우주로 빠져나가지 못하게 합니다. 매일같이 약 40만 개의 원자폭탄에 해당하는 에너지가 차곡차곡 쌓이면서 지구를 덥히고 있는 거예요. 그래도 지구가 끓지 않는 이유는 회복 탄력성 덕분입니다. 지금까지 인간이 배출했던 이산화탄소의 절반 정도를 바다와 숲이 흡수했어요. 나머지 절반 정도만 지구 대기 안에 남아 있습니다. 온실가스가 잡아놓은 열의 91%를 바다가 흡수합니다. 그리고 땅과 얼음 등에서 흡수한 부분을 뺀 나머지 1%만이 대기 중에 남아서 지구를 가열시키고 있는 것입니다.

1750년 산업 혁명 이후 이산화탄소 농도가 급증했습니다. 이에 따라 지구 평균 기온이 1℃ 정도 상승했습니다. '겨우 1℃ 정도야?' 이렇게 생각할 수 있죠. 하루에도 기온 차가 10℃ 이상 될 때가 허다하죠. 여름철 최고 기온과 겨울철 최저 기온의 차이가 무려 50℃나 되는데도 별 탈 없이 잘 살아갑니다. 하지만 지구 온난화는 어느 특정 지역이 아니라 지구 전체 평균이에요. 현재 기후 변화의 가장 큰 위험은 변화의 '크기'가 아니라 전례 없는 '속도'에 있어요. 지난 100년 동안 인간 활동에 의한 기온 상승 속도는 공룡 멸종6500만 년 전 이후 가장 빠른 자연적인 기온 상승 속도인 1000년에 약 1℃보다 10배 정도나 빠릅니다. 이처럼 빠른 기온 상승으로 기후 균형이 무너지면서 변덕스럽고 가혹한 날씨가 더 자주 더 강하게 일어나고 있습니다.

날씨로 인한 대부분 문제는 극단적인 현상에서 비롯합니다. 전 세계 육상 기온의 분포는 평균에서 멀어질수록 발생 빈도가 줄어드는 종 모양의 정규 분포를 따릅니다. 1962~2022년 동안 전 세계 육상 평균 기온은 약 1.2℃ 상승했을 뿐만이 아니라 기온 '변동분산'도 커집니다. 이는 진자 운동에서 충격을 주면 진폭이 커지는 것처럼 온실가스 증가가 대기에 충격으로 작용하기 때문이죠. 날씨 변동 폭이 커질수록 예측하기가 어려워져요. 오늘날 기후 위기 상황에서 "극단적인 날씨가 예측할 수 없는 수준으로 발생한다"는 표현을 쓰는 이유가 바로 여기에 있습니다. 평균 상승과 분산 증가의 두 가지 효과가 합쳐져 극단적인 현상의 발생 횟수가 기하급수적으로 증폭합니다. 평년보다 4℃ 높은 경우의 발생 횟수가 2022년에 1962년보다 약 4배 증가했어요.

미래 기후 변화

앞으로 기후 변화는 어떻게 될까요? 우리는 어떻게 대처해야 할까요? 지금 이 문제를 두고 전 세계가 머리를 맞대고 있습니다. 이때 기준이 되는 자료가 유엔의 '정부 간 기후 변화 협의체IPCC' 보고서입니다. 전 세계 기후 관련 연구 성과를 모아 5~7년마다 한 번씩 발간합니다. 최근 발간한 6차 보고서는 약 6만 5000편의 연구 자료를 기반으로 작성되었습니다. 내용이 방대하기에 이를 수십 페이지로 축약한 '정책 결정자를 위한 요약본Summary for Policymakers'을 따로 발행합니다.

이 보고서에 따르면, 지구 평균 기온이 산업 혁명 이후 2020년도까지 1.1℃가 상승했습니다. 2024년 이미 1.5℃를 돌파했다는 언론 보도를 보신 적이 있을 텐데요, 해에 따라 예년30년 평균값보다 덥기도 하고 춥기도 하죠. 이러한 차이는 인간 활동에 의한 지구 온난화에 관계없이도 일어날 수 있는 자연 변동이에요. IPCC는 단기적인 자연 변동을 제거하고 장기적인 추세를 파악하기 위해 10년 단위의 평균값을 사용해요. 자연 변동을 제거하면, 최근2015~2024년 지구 평균 기온은 산업 혁명 이전보다 1.25℃ 높아졌습니다.

앞서 인간 활동에 의한 기온 상승이 자연에서 가장 빠른 기온 상승보다 이미 약 10배나 빠르다고 했죠. 그러므로 앞으로 기후는 자연이 아니라 인간에 의해 결정될 거에요. 하지만 앞으로 우리가 온실가스를 얼마나 배출할지 불확실해요.

그래서 여러 가지 '시나리오'를 만듭니다. 즉, 시나리오는 결정된 미래를 밝혀내는 것이 아니라 우리가 처할 수 있는 여러 미래를 제시해요. 각 시나리오는 인구, 불평등, 빈곤 등과 같은 '사회 요인'과 경제 성장률, 산업 구조, 재생 에너지 비율 등과 같은 '경제 요인'에 따라 온실가스 배출량이 각기 다릅니다.

자동차는 제한 속도를 넘어설수록 위험이 급격히 커지죠. 이에 빗대어서 안토니우 구테흐스 유엔 사무총장은 "인류는 기후 지옥으로 가는 고속도로에서 가속 페달을 밟고 있다"고 경고했어요. 기온 상승 폭 1.5℃, 2℃, 3℃에 도달하는 것은 각각 시속 150km, 200km, 300km로 달리는 것과 같아요. 시속 150km를 넘으면 위험이 급격히 커지죠. 시속 200km를 넘으면 위험을 각오해야 하고 시속 300km를 넘으면 살수 있는 확률이 거의 없죠. 기온 상승 3℃는 문명 붕괴 상황에 빠졌다고 여겨야 합니다. 우리는 이미 지구 온난화의 제한 속도에 다가섰습니다. 앞으로 0.1℃씩 상승할 때마다 과거와 달리 기후 위험이 더 자주, 더 길게, 더 강하게, 더 뚜렷하게 나타날 거에요.

각 세대가 경험하는 지구 평균 기온 상승의 속도가 각기 달라요. 1950년 출생자는 기온 상승 폭이 0.25℃인 시점에 태어나 10년마다 0.12℃의 기온 상승을 경험했습니다. 1980년 출생자는 0.4℃ 상승한 시점에 태어나 10년마다 0.19℃의 기온 상승을 경험했으며 이는 부모 세대^{1950년 출생자}보다 거의 50% 더 빠른 속도이죠. 이는 지구 온난화를 막지 않으면 나이가 어릴수록 심각한 기후 위기를 경험할 거라는 의미입니다. 2020년 출생자의 경우, 현재의 기후 대응 노력에 따라 미래가 크게 달라집니다. 만약 매우 많은 배출량 시나리오^{SSP5-8.5}로 진행된다면, 조부모 세대^{1950년 출생자}보다 약 3배 더 빠른 기온 상승을 겪게 될 거에요. 그러나 지구 가열을 1.5℃ 또는 2℃ 이하로 억제한다면^{SSP1-1.9 또는 SSP1-2.6 시나리오}, 30세 무렵^{2050년}부터 안정된 기후에서 살아갈 수 있을 것으로 전망됩니다.

우리나라는 봄철이면 미세 먼지 때문에 고통을 받습니다. 그런데 공기 중에 배출된 미세 먼지는 대부분 하루이틀 만에 자연적으로 없어집니다. 길어야 일주일입니다. 다시 말해서 미세 먼지는 현세대의 문제입니다. 우리 세대가 배출하고, 들이마시고 건강이 안 좋아지죠. 이 위험은 미래 세대에 전가되지 않아요. 그런데 온실가스는 이와 성격이 달라요. 공기 중에 배출되면 수백 년, 수천 년 동안 사라지지 않습니다. 오늘날 기성세대는 화석 연료를 태워서 엄청난 편익을 누렸죠. 그 대가를 미래 세대가 짊어져야 해요. 그래서 오늘날 기후 위기 문제는 세대 간 정의의 문제이기도 합니다.

티핑 포인트

인류는 역사상 전쟁, 자연 재난, 감염병과 금융 위기 등 수많은 위기를 겪으며, 시행착오를 거치면서도 결국 이를 극복하고 더 나은 세상을 만들어왔죠. 지금까지의 위험은 아무리 크다고 해도 회복 가능한 수준이었어요. 이 때문에 기후 변화 역시 인류가 감당할 수 있는 또 하나의 위기처럼 보일 수 있죠. 그러나 현재 우리가 마주한 기후 변화는 과거 위기와는 질적으로 다른 차원의 위협이에요.

기후 시스템은 특정 임계점을 넘어서면 차원이 다른 재앙, 즉 '티핑포인트tipping point'에 직면합니다. 티핑포인트에 이르기까지 시스템을 밀어붙이는 힘이 바로 '증폭 되먹임'입니다. 마이크를 스피커에 가까이 두면 소리가 자기 증폭적으로 커져 귀청을 찢는 듯한 소리가 나는 것과 같은 이치이죠. 티핑포인트는 급변적이고 돌이킬 수 없는 위험입니다. 기후 티핑포인트의 가장 무서운 점은 그 비가역성에 있어요. 이는 티핑포인트를 일단 넘어서면 그 결과는 인간의 시간 규모에서 되돌릴 수 없다는 거예요. 미래 세대가 기후 위기에서 벗어나려는 모든 분투가 소용없게 될 수 있음을 의미하죠.

IPCC 6차 보고서에서는 다음 세기까지 티핑 포인트가 일어날 증거는 아직 없지만, 그 가능성을 배제할 수 없다고 밝혔습니다. 즉, '증거의 부재가 부재의 증거는 아니다'라는 것이죠. 티핑포인트에 내재된 불확실성은 결코 우리에게 유리하게 작용하지 않아요. 오히려 지금 당장 즉각적이고 급진적인 대응의 필요성을 역설해요. 우리는 벼랑 끝으로 향하는 열차에 타고 있으며, 얼마나 가까이 가야 멈출지를 논하는 것은 무의미해요. 인류 운명은 우리가 '그날과 그 시간'을 알기 전에 깨어 행동할 수 있는지에 달려 있어요.

기후 소송

그런데도 미래 세대는 기후 위기에 대응하는 의사 결정에 참여할 수 없어요. 현재 정치가와 정책 결정자의 무책임이 미래 위험을 발생시키는데도 말입니다. 그들이 할 수 있는 최후의 저항은 '기후 소송'이에요. 우리나라에서도 어린이와 청소년들이 정부의 온실가스 감축 목표가 미래 세대의 생명권, 환경권 등 헌법이 보장하는 기본권을 침해한다고 주장하며 헌법 소원을 제기했어요. 이들은 기후 위기의 가장 큰 피해자가 될 미래 세대가 정부의 미흡한 대응으로 인해 차별받고 있음을 헌법적으로 확인받고자 했어요.

이러한 노력은 2024년 8월 29일, 아시아 최초의 기후 소송 판결을 이끌어냈습니다. 헌법재판소는 정부 정책이 2030년 이후의 구체적인 온실가스 감축 계획을 제시하지 않아 미래 세대에 부당한 부담을 전가하고 있다고 판단하여 헌법 불합치 결정을 내렸습니다. 이는 정부의 부실한 기후 위기 대응이 국민의 기본권을 침해한다는 점을 인정한 것이죠. 이 판결은 끝이 아닌 시작입니다. 기후 소송은 법정 다툼을 넘어, 우리 사회가 기후 위기를 어떻게 인식하고 미래 세대를 위해 무엇을 해야 하는지에 대한 근본적인 질문을 던집니다.

기후 위기 대응

어떻게 해야 앞으로 닥칠 기후 재난을 막을 수 있을까요? 오늘날 지구 환경의 문제, 기후 위기의 근원은 화석 연료에 기반한 문명입니다. 인류의 삶이 그 어느 때보다 부유해졌지만 온실가스 배출로 인해 기후 변화가 일어나 위기를 맞은 거예요. 지금처럼 계속 화석 연료 문명으로 내달려가면 우리가 힘들게 만들어온 사회 경제가 붕괴하게 될 거에요. 이를 막으려면 기후 변화의 원인인 탄소 배출량을 '저감'하고 이미 일어난 기후 변화의 결과에는 '적응'해야 합니다.

국제 사회는 2℃ 이내로 전 지구 평균 기온 상승 폭을 억제하기로 했습니다. 그러자 작은 섬나라나 저지대에 사는 나라들은 해수면 상승으로 당장 국토가 물에 잠기게 생겼는데 너무 한가한 거 아니냐고 비판했어요. 그래서 2018년 인천 송도에서 IPCC 특별 총회를 열어 1.5℃ 이내로 막는 것이 중요하다고 합의했습니다.

문제는 약속과 현실의 차이가 너무나도 크다는 점이에요. 현재 각 나라의 현장 정책on-the-ground policies은 2050년 탄소 중립뿐만이 아니라 파리협약Paris Agreement에 따른 각국 정부의 기후 공약pledges, 즉 국가온실가스감축목표NDC를 달성하기에도 부족합니다. 모든 국가가 NDC를 전부 이행하더라도 21세기 말 지구 평균 기온은 2.3~2.5℃ 상승할 것으로 예상됩니다. 더 심각한 문제는 각국 현장 정책에 따른 온실가스 배출량이 NDC 배출량보다 더 많을 것으로 전망한다는 점이에요. 현재 현장 정책이 그대로 유지된다면, 이번 세기말 기온이 2.8℃까지 치솟을 수 있습니다.

목표 달성을 위해서는 초반에 더 빠르고 과감한 감축이 필요해요. 시간이 지날수록 필수 부문의 배출량을 줄여야 하므로 감축이 더 어려워지기 때문이죠. 1.5℃ 이내로 막으려면 2019년 수준 대비 온실가스 배출량을 2030년까지 43%, 2035년까지 65% 줄여야 합니다.

그런데 IPCC 보고서에 따르면, 기후 위기에 대응할 수 있는 방안이 "이미 기술적으로 실현할 수 있고", "시간이 지남에 따라 점점 더 비용이 떨어지며", "시민의 지지를 받는"다고 밝혔습니다. 2019년 이후 2030년까지 온실가스 1톤을 줄일 때 100달러 이하의 저감 방안만으로도 배출량 절반 이상을 줄일 수 있으며, 이 중 절반 이상은 비용이 20달러 미만인 방안으로 이룰 수 있다고 했어요. 심지어 상당수 기술은 투자 비용보다 더 큰 이익을 창출할 수 있다고 해요. 결국, 우리에게 부족한 것은 돈과 기술이 아니라 의지와 추진력이에요. 이제 우리는 "기후 위기에 대응할 비용을 감당할 수 있느냐?"가 아니라 "기후 붕괴로 무너질 세상을 감당할 수 있는가?"를 물어야 합니다.

재생 에너지

탄소 배출량 절감을 위해 원전의 필요성을 강조하는 사람들이 있지요. IEA '청정에너지 시장 감시 2024' 보고서에 따르면, 2023년 한 해에만 신규 태양광은 85%, 풍력은 60% 급증한 반면, 원전은 30% 감소했습니다. 그리고 신규 발전 설비 용량은 태양광 420GW, 풍력 117GW, 원전 5.5GW입니다. 즉, 신규 발전 설비 용량에서 재생 에너지는 원전의 100

배에 달하는 거죠.

IPCC 제6차 평가 보고서에 따르면, 2010년에서 2019년 사이 태양광 발전 비용은 85%, 풍력 발전 비용은 55% 하락했어요. 시장조사 기관인 블룸버그NEF의 2025년 보고서는 태양광 비용이 2035년까지 3분의 1 더 떨어질 것으로 전망했습니다. 과거에는 태양광이 가장 비싼 전력이었습니다. 그런데 지금은 태양광과 풍력이 가장 값싼 에너지원이 되었어요. 반면 원전은 건설과 유지 비용이 크게 늘어나요. 심지어 여기에는 핵연료 폐기 비용이 포함되어 있지도 않습니다. 이것까지 치면 비용은 천문학적으로 올라가죠. 게다가 한번 사고가 터지면 수습이 불가합니다. 전 세계가 재생 에너지를 쓰는 이유가 바로 여기에 있어요. 기후 위기 때문만은 아닙니다. 시장이 먼저 반응하고 있는 거예요.

국제재생에너지기구International Renewable Energy Agency, IRENA 보고서에 따르면, 전 세계 재생 에너지 투자가 증가하고 설치 용량이 확대됨에 따라 관련 일자리가 2012년에 730만 명에서 2023년도에 1620만 명까지 늘어났어요. 기온 상승 폭 1.5℃를 막아야 하는 경우, 2050년까지 재생 에너지 분야에 최소 4200만 개 일자리가 필요하게 될 것으로 전망하고 있어요. 우리나라에서도 2050년까지 탄소 중립 목표를 달성하기 위해 재생 에너지 분야에 200만 개의 일자리가 필요할 것으로 예상되고 있어요. 일자리 특성상 각 지역에서 활동해야 하기 때문에 지역 소멸을 줄일 수 있는 좋은 대안이기도 합니다.

우리나라에서 자연 조건의 한계로 인해 재생 에너지로는 전력 수요를 감당하지 못할 것이라는 주장이 거세요. 그러나 이는 사실과 달라요. 2020년 한국에너지공단 '신재생 에너지 백서'에 따르면, 지리적·기술적 요인을 반영한 연간 잠재 발전량은 우리나라 총발전량보다 태양광이 5배, 풍력이 3배 이상입니다. 경제성을 고려한 재생 에너지의 시장 잠재량도 총발전량의 1.6배에 달해요. 보존해야 할 농지와 산지가 아니더라도 건물, 도로, 주차장, 저수지 등 활용 가능한 공간은 국토 곳곳에 널려 있어요. 게다가 영농형 태양광으로 에너지와 식량을 동시에 생산할 수 있습니다.

태양광 발전은 위도가 낮을수록 유리하죠. 독일은 우리나라보다 위도가 무려 15℃나 높아 단위 면적당 태양광 효율이 떨어집니다. 그런데도 독일은 1인당 태양광 발전량이 호주와 네덜란드에 이어 세계 3위를 차지합니다. 일부 사람들은 우리나라를 사하라 지역과 비교하면서 태양광이 우리 자연환경에는 안 맞는다고 해요. 골프장이 서울 면적의 84%를 차지하는 상황에서 입지 부족을 이유로 드는 것도 말이 안 돼요.

재생 에너지가 날씨에 따라 발전량이 변동하기 때문에 안정적인 전력 공급이 어렵다는 주장도 있어요. 예일대학교 환경대학원이 발간하는 온라인 잡지 〈예일환경 Yale Environment 360〉에 따르면, 재생 에너지의 간헐성은 기술 혁신을 통해 극복할 수 있습니다. 독일은 2006년 이후 재생 에너지 발전량이 4배 가까이 늘었지만, 정전율은 오히려 절반으로 감소했어요. 2020년 기준, 전력의 절반을 재생 에너지로 공급하는 독일의 평균 정전 시간0.25시간은 원자력 비중이 70%에 달하는 프랑스0.35시간보다 짧았습니다. 이는 전력 안정성이 에너지원의 종류가 아닌, 전력망 관리 능력에 달려 있음을 보여주는 거죠.

탈탄소를 향해 세계가 이미 움직이고 있어요. 우리나라도 더 이상 머뭇거릴 수 없습니다. 현실에 안주하는 사회는 더 나은 미래로 나아갈 수 없죠. 지금 우리나라가 마주한 가장 큰 위기는, 해결할 수 없는 문제가 아님에도 스스로 만든 한계와 난제에 갇혀 재생 에너지의 밝은 미래를 외면하고 있다는 점입니다.

기후 불평등 문제

　기후 붕괴로 인해 기후 회복과 재건에 많은 비용을 지출해야 한다면, 그 세상은 오늘날보다 더 가난해질 수 밖에 없습니다. 한국은행·기상청·금융감독원이 공동으로 2024년에 발표한 '기후 변화 리스크가 실물 경제에 미치는 영향' 보고서에서는 기후 위험이 경제에 미치는 부정적 영향을 경고합니다. 경제가 과거 추세를 따라 성장 경로 Business As Usual, BAU 를 따라간다면, 기후 위기에 아무런 대응을 하지 않을 경우, 2100년에는 국내총생산^{GDP}이 21% 줄어들 것으로 전망했습니다.

　독일 포츠담 기후영향연구소 연구는 이러한 우려를 전 세계 차원에서 보여줍니다. 기후 붕괴가 일어나는 경우 RCP 8.5 에서는 전 세계적으로 1인당 국민 소득이 BAU 대비 이번 세기 중반 19%가량 줄어들 것으로 예상됩니다. 이번 세기 중반에 미국, 독일, 일본은 11%, 영국은 7%, 프랑스는 13%의 소득 손실을 볼 것으로 전망했습니다. 우리나라는 14%의 소득 감소가 예상됩니다. 보츠와나 -25%, 말리 -25%, 이라크 -30%, 카타르 -31%, 파키스탄 -26%, 브라질 -21% 등 이미 더운 지역에 위치한 가난한 국가들이 더 큰 피해를 볼 것으로 내다보았어요.

기후 위기에 책임이 가장 적은 국가들이 더 큰 경제적 손실을 입게 되는 거죠. 이는 이 세상이 얼마나 정의롭지 않은가를 보여줍니다. 그런데 피해 비용의 6분의 1만 미리 투자를 해도 기온 상승폭 2°C를 막을 수 있다고 전망합니다. 즉, 지구를 파괴하는 것보다 구하는 것이 훨씬 더 경제적인 선택이죠.

탄소 불평등

온실가스 배출은 인류 모두의 괜찮은 삶을 위해서만 허용되어야 해요. 하지만 현재 전 세계의 과잉 온실가스 배출은 가난한 사람들의 삶의 질 향상 과정에서 발생하는 것이 아니라 부유층의 과소비에 의해 대부분 이루어집니다. 국제 구호 기구 옥스팜Oxfam의 2024년 '탄소 불평등' 보고서에 따르면, 지난 25년간 전 세계 상위 1% 부유층이 배출한 탄소는 전체의 15%로, 하위 50%가 배출한 탄소량의 2배에 달합니다. 상위 10%가 배출한 탄소량은 전체의 52%로, 하위 50%가 배출한 양의 7배 이상이에요. 이러한 배출량 격차는 상위 10%의 부자가 전 세계 소득의 52%를 점유하고 있는 반면 하위 50%에 속한 가난한 사람들은 8.5%의 소득으로 살아가는 불평등한 현실을 그대로 반영하고 있어요. 이 때문에 스웨덴 웁살라 대학 케빈 앤더슨 교수는 온실가스 감축 정책이 과잉 배출하는 부유층에 집중되어야 한다고 주장합니다. 만약 전 세계 상위 10% 부유층이 유럽연합 시민의 평균 수준으로만 배출량을 줄여도, 나머지 90%가 전혀 노력하지 않아도 전 세계 배출량의 약 3분의 1을 줄일 수 있습니다.

그러나 일각에서는 선진국이 온실가스 감축에 책임을 다한다 해도 개발 도상국의 성장이 탄소를 폭증시킬 것이라 우려합니다. 그러나 2022년 '네이처 지속 가능성'에 발표된 전 세계 탄소 불평등에 관한 연구 결과는 이와 다르다는 것을 알려줍니다. 기아에 시달리는 극빈층의 기준인 하루 1.9달러 이하로 살아가는 약 10억 명 사람이 1.9달러로 소득이 상승하더라도 이를 위한 전 세계 탄소 배출량과 지출 비용은 1% 미만밖에 증가하지 않아요. 전 세계 인구 절반은 교육·보건·주거·사회 안전망 등 인간다운 삶을 유지하기에는 부족한 상태인 하루 5달러 50센트의 빈곤선에 미치지 못한 상태로 살아가요. 이 사람들이 빈곤선 수준으로 소득이 높아진다면 전 세계 탄소 배출과 지출 비용이 각각 18%와 14% 증가할 것으로 예상합니다. 이 정도 배출 증가는 효율성 개선을 통해 충분히 상쇄될 수 있어요. 즉, 가난한 사람들이 인간의 존엄성을 지키게 된다고 해서 기후 위기가 일어나지는 않아요. 부유한 사람들의 과잉이 위기의 본질입니다.

기후 회복력 개발

기후 위기는 이미 우리 사회·경제·생태 전반을 뒤흔들고 있습니다. 같은 위험이라도 국가·지역·계층에 따라 피해와 회복 능력은 크게 다르며, 이는 '회복력resilience'이 단순한 적응을 넘어 정의, 형평, 지속 가능성과 직결된다는 사실을 보여줍니다. 이러한 맥락에서 기후 회복력 개발Climate Resilient Development, CRD은 기후 변화의 원인을 줄이는 저감mitigation과 이미 일어나고 있는 변화에 대응하는 적응adaptation, 그리고 지속가능발전목표SDGs를 통합하는 핵심 전략으로 주목받고 있어요.

지금의 삶의 방식을 고수한다면, 우리 세대는 지속 가능한 지구를 물려받아 미래 세대에게 삶의 터전이 무너진 지구를 남기게 될 것이에요. 이러한 세대 간 불의를 바로잡고, "미래 세대의 필요를 무너뜨리지 않으면서 현재의 필요를 충족시키는 것"을 목표로 하는 국제적 약속이 바로 2015년 유엔에서 채택된 SDGs입니다. 이는 사회, 경제, 환경을 포괄하는 17개의 목표로 구성되어 있어요. 결국 SDGs의 핵심 슬로건인 '누구도 뒤에 남겨두지 않는다Leave No one Behind'가 말해주듯, 정의롭고 연대와 협력의 세상을 만드는 것이 곧 지속 가능한 미래의 전제 조건입니다.

IPCC 6차 평가 보고서는 앞으로 10년간의 선택과 행동이 그 후 수천 년에 걸쳐 영향을 미칠 것이라고 경고했습니다. 기후 회복력 개발을 지체하면 지속 가능한 미래의 문이 빠르게 닫히게 될 거에요. 기후 위기 대응은 우리가 할 수 있는 일이 의미 있을 때 빨리 시작해야 해요. 그러지 않으면 미래 세대가 살아갈 세상을 망쳐버릴 것이기 때문이죠. 앞으로 10년은 인류가 지속 가능한 미래의 문을 열 수 있는 마지막 골든 타임입니다. 지금 우리가 어떤 경로를 택하느냐에 따라 미래 세대는 회복력 있는 지구를 물려받을 수도, 돌이킬 수 없는 손실을 떠안을 수도 있어요. 기회의 창은 아직 열려 있지만, 영원히 기다려주지 않아요. 지금의 선택과 행동이 수백 년 뒤 지구의 모습까지 결정짓습니다. 인류에게 더 이상 주저할 시간이 없습니다.

담대한 전환

우리는 개인의 욕망을 자연, 이웃, 그리고 다음 세대보다 우선하는 세상을 향해 내달려왔습니다. 이러한 질주 속에서 자연은 생산 '과잉'으로 파괴되고 사회는 서로 간의 '경쟁'으로 무너지고 있어요. 우리는 지구의 물질적 유한성을 넘지 않고 사회적 기반을 무너뜨리지 않은 상태에서 지속 가능하고, 정의로운 세상을 만들어야 합니다.

자연은 생명을 구성하는 기본 요소인 물, 탄소, 산소, 질소와 인 등을 끊임없이 순환시킵니다. 노폐물조차 또 다른 생명에 필요한 양분이 되어 순환되죠. 반면, 우리가 만드는 세상은 순환되지 않아요. 경제 성장 과정에서 에너지와 자원을 고갈시키는 한편, 온실가스, 오염물질, 폐기물을 끊임없이 배출해요. 이러한 세상은 더 이상 지속할 수 없습니다. 자연은 물리적인 세계이므로 자연 그 자체로 무의미할 수 있어요. 그러나 그 무의미가 인간이 만들어온 그 어떤 의미들보다 더 강력하게 인간 세상을 지배합니다. 예를 들어 우리가 10m 높이에서 낙하한다고 가정해보세요. 너무 위험하다고 중력 가속도를 절반으로 줄일 순 없잖아요.

자연은 타협의 대상이 아닙니다. 예를 들면, 예전에는 바다에서 고기를 많이 못 잡았어요. 우선 배가 멀리 못 나가고 그물 등 도구도 시원찮았습니다. 그동안 과학 기술이 발전하면서 성능 좋은 어선과 도구를 개발합니다. 덕분에 고기도 많이 잡고, 돈도 많이 벌어요. 그런데 최근에 또다시 어획량이 줄어요. 수자원 자체가 줄었기 때문입니다. 그런데도 이 문제를 해결한다고 더 큰 배, 더 좋은 그물에 매달립니다. 이제 그런 방식으로는 불가능해요. 관점 자체를 바꿔야 해요. 바다 생태계 자체를 회복시켜야 해요. 이를 첫 번째 가치로 두지 않으면 지속 불가능해집니다.

저명한 미국의 인류학자 마거릿 미드 Margaret Mead는 연민을 우리 문명의 시작점으로 보았어요. 그러면서 1만 5000년 전 인간의 유골을 증거로 제시했어요. 대퇴부, 즉 무릎 위쪽과 엉덩이 사이의 뼈가 부러졌다가 다시 붙은 상태였어요. 보통 이 뼈가 부러지면 7주 동안은 꼼짝 못 합니다. 저게 다시 붙었다는 건 누군가의 돌봄이 있었다는 뜻이죠. 그럼으로써 이 뼈의 주인은 죽지 않고 계속 살 수 있었던 거죠.

우리가 함께 사는 이유는 경쟁하여 내 동료의 머리 위에 올라타기 위해서가 아닙니다. 이 세상의 고통을 나누고 돌봄을 받기 위해 함께 사는 거예요. 기후 위기 대응은 단순히 재앙을 피하는 것을 넘어, 더 정의롭고 나은 세상을 만드는 과정입니다.

변화와 희망의 징조들

지난 수십 년간 인류가 이룩한 눈부신 발전이 더 나은 미래를 보장하지는 않습니다. 우리가 마주한 기후 위기와 그로 인한 사회 붕괴의 가능성은 기존의 삶의 방식에 근본적인 한계가 있음을 명확히 보여줍니다. 하지만 이 거대한 위기는 새로운 기회가 될 수 있어요. 역사적으로 인류는 절박한 위험이 닥쳐왔을 때 거대한 변혁의 물결을 일으키는 극적인 순간을 맞이하기도 했습니다. 기후 위기라는 절망적인 티핑 포인트는 우리 사회를 근본적으로 바꾸는 '사회 티핑 포인트'가 될 수 있습니다. 사회 티핑 포인트란 사회 시스템 내에 축적된 변화의 압력이 한순간에 폭발하며 사회 전체의 구조적 전환을 일으키는 것을 의미합니다. 과거 노예제 폐지나 여성 참정권 운동처럼, 오랜 시간 축적된 사회적 열망이 임계점을 넘어 전체 시스템을 바꾼 역사적 사례들이 이를 증명하죠.

사회학자 에버렛 로저스Everett Rogers의 '혁신의 확산' 이론은 새로운 상품, 기술 또는 정책이 어떻게 확산되는지를 설명합니다. 혁신적인 변화는 초기에 느리게 진행되다가 그 비중이 전체의 16~18%를 넘으면 급격히 상승한 후 포화에 도달하는 비선형적인 S-곡선을 따릅니다. 최근 북반구 나라에서 태양광이 전체 전력에서 차지하는 비중이 16%에 도달했습니다. 전 세계 태양광 발전의 설비 용량이 1TW테라와트=1조와트에 도달하는 데는 1954년에서 2022년까지 68년 걸렸지만, 추가 1TW를 달성하는 데는 2023년과 2024년, 단 2년밖에 걸리지 않은 사실 또한, 변화가 이미 S-곡선의 급상승 구간에 진입했음을 보여줍니다.

지구 기온 상승을 막는 데는 비용이 듭니다. IPCC 보고서에 따르면 1.5℃ 상승에서 멈추게 하는 데 선진국은 GDP의 2~4%, 개발 도상국은 4~9%의 지출이 필요할 것으로 전망합니다. 전 세계 평균 4% 정도 투자해야 실현 가능하다고 보는데요. 지금도 GDP의 1.9% 정도를 쓰고 있어요. 2배 정도 더 필요합니다. 제2차 세계 대전 때 영국이 국방비로 쓴 돈이 GDP의 55%, 미국이 37.5%였습니다. 그러면서 시민도 보호하고 민주주의도 지켜냈습니다. 전쟁 비용의 10분의 1만 투자해도 기후 위기를 막을 수 있습니다.

전 세계가 재생 에너지로 전환을 시작한 시기가 대략 2008~2009년도입니다. 우리나라는 당시 이명박 정부가 '녹색 성장'을 외쳤습니다. 전 세계 흐름을 알고 있었던 거예요. 문제는 말만 그렇게 해놓고 실제로는 강바닥을 파헤치고 둑을 세우는 데 수십조 원을 허비합니다. 그 돈을 재생 에너지에 투자했으면 지금쯤 엄청난 발전을 이뤘을 거예요. 기후 대응은 비용이 아니라 투자입니다. 재생 에너지는 제조업이 뛰어난 나라가 잘할 수 있는 분야이죠. 우리나라는 제조업 강국인데 정치가들이 이 절호의 기회를 걷어차 버렸습니다. 여전히 우리나라는 제조업 강국입니다. 이제라도 내달려 가야 합니다.

기술 혁신뿐만 아니라 희망적인 또 하나의 신호는 사회 변화입니다. 그레타 툰베리Greta Thunberg는 2018년 가을 스웨덴 국회의사당 앞에서 "기후 변화 대응하라"며 혼자 시위를 벌였습니다. 툰베리는 "이대로 가다가는 내가 어른이 되었을 때 너무도 위험한 세상이 될 텐데 거기에서 나 혼자 훌륭한 사람이 되는 건 아무 의미가 없습니다. 나는 그때 내 가족, 내 친구들과 함께 행복한 사람이 되고 싶어요"라며 책임 있는 사람들의 행동을 촉구했습니다. 이듬해 봄 여기에 동참한 전 세계 수백만 명의 청소년이 기후 위기에 적극적으로 대응할 것을 요구하며 시위를 벌였습니다. 우리는 함께 공감하는 존재라는 걸 다시 한번 깨닫게 해주는 계기가 되었죠. 이후 각성한 청소년은 물론 각국의 기성세대들이 실천에 나서고 있습니다. 아직은 희망이 있는 거예요.

제도와 연대

우리가 제대로 기후 위기에 대응하면 어떤 세상이 펼쳐질지 상상해보는 것도 좋을 것 같습니다. 이를 실현하는 대표적인 도시 중 하나가 네덜란드의 암스테르담입니다. 1970년대의 암스테르담은 자동차로 가득 차고 먼지가 많은 도시였습니다. 그런데 지금은 자전거와 사람의 도시로 변모했어요. 암스테르담뿐만 아니라 서유럽의 주요 도시가 자전거 중심 정책을 펼치고 있어요. 도심부 교통 분담의 절반을 자전거가 담당합니다. 그만큼 시민들의 참여도가 높아요. 왜 그럴까요? 인류애가 넘쳐나서, 기후 위기에 깊이 공감해서 그랬을까요? 실제로 덴마크 코펜하겐시에서 이를 두고 조사한 적이 있습니다. "당신은 왜 자전거를 타고 출퇴근을 합니까?"라고 묻고 건강, 환경 보호, 기후 위기 대응 등 여러 항목을 제시합니다. 이때 사람들이 가장 많이 체크한 이유는 "빠르고 편리하다"였어요. 코펜하겐시는 1995년 이후 최근까지 자전거 이동 거리가 2배로 늘어났습니다. 그런데 사고율은 절반으로 떨어졌어요. 그만큼 자전거 이용에 편리하고 안전한 시스템을 구축했다는 뜻입니다.

서유럽 주요 도시, 특히 도심은 도로 폭이 좁아 차가 자주 막히고 주차료도 비쌉니다. 프랑스 파리만 해도 대형 SUV 차를 6시간 주차했을 때 주차료가 12만 원가량 나와요. 그런데 이걸 2024년 10월에 3배로 올립니다. 긴급 사태가 아니면 시내에 차 끌고 나오지 말라는 거죠. 그러면서 한편으로 자전거를 편리하게 이용하게끔 정책적 지원을 하는 거예요. 사람들이 선하거나 환경을 생각해서 자전거를 타는 게 아니라 제도가 자전거를 탈 수밖에 없도록 만드는 것입니다. 기후 위기 대응은 개인의 자발적이고 윤리적인 행동에서 시작하지만, 그것만으로는 충분하지 않아요. 좋은 제도로 실천을 유도하는 것이 중요합니다.

이와 관련하여 하버드와 예일 대학의 연합 연구팀은 한정된 공유 자원을 미래 세대와 어떻게 나눌지에 관한 실험을 수행했습니다. 68%의 이타적인 사람들이 자기 몫의 일부를 미래 세대를 위해 남겼음에도 불구하고, 나머지 32%의 이기적인 사람들 때문에 네 세대가 지나자 공유 자원이 완전히 고갈되었습니다. 하지만 투표를 통해 자원 사용을 통제하는 '제도'를 도입하자, 이타적인 다수가 이기적인 소수를 제어하여 자원의 지속 가능성을 확보할 수 있었죠. 이 논문은 "많은 시민은 공익을 위해 기꺼이 희생할 준비가 되어 있다. 그들이 그렇게 할 수 있도록 도와주는 제도만 있으면 된다"고 결론 내렸습니다.

인류 역사는 개인의 선함에만 의존하는 것이 아니라, 더 나은 선택을 유도하는 좋은 제도를 통해 전진해왔습니다. 철도 노선이 제대로 마련되지 않고 버스가 다니지 않는다면 어떻게 자동차를 포기할 수 있겠어요? 모든 제품이 과잉 포장되어 나오는데 어떻게 쓰레기를 줄일 수 있겠어요? 공공선이 침범될 때, 우리는 법과 제도를 통해 개인의 이기적 행위를 제한하고 통제하는 조치를 취합니다. 이것이 우리 모두의 공공선과 자유를 지켜주죠. 다수에게 피해를 끼칠 것이 뻔한 이기적인 소수의 행위를 법과 제도로 제어하지 못한다면 그것은 민주주의의 오류입니다. 기후와 환경을 파괴하는 기득권은 온갖 복잡한 법과 제도로 보호받는데, 기후와 지구를 지키는 일은 그러하지 못해 위기가 일어나고 있습니다.

2024년 '네이처 기후 변화 연구'에 따르면, 설문 조사한 125개국 약 13만 명 중 86%가 기후 위기 대응의 필요성에 공감했고, 89%가 정부의 노력을 원했어요. 그리고 69%는 기후 위기 대응을 위해 자기 소득의 1%를 기꺼이 기부할 의향이 있다고 답했어요. 하지만 '다른 사람들도 소득의 1%를 기부할 것 같은가?'라는 질문에는 긍정적 응답이 43%에 그쳤습니다. 이는 나의 행동 의지보다 동료 시민의 행동 의지를 낮게 평가한 것이죠. 동료 시민의 이타성을 불신하는 것은 기후 행동의 큰 걸림돌이 됩니다.

역사학자 뤼트허르 브레흐만Rutger Bregman은 『휴먼카인드 Humankind』에서 언론에서 이기적인 사례를 집중 보도하기 때문에 우리는 이 세상이 실제보다 이기적이라 여기게 된다고 지적했어요. 이러한 환경 속에서 설령 이타적인 마음이 있더라도, 홀로 손해 보는 선택을 하지 않으려 하죠. "다른 사람들은 협력할 생각이 없는데 나 혼자 애써봐야 무슨 소용이 있겠는가"라는 냉소와 무력감이 행동을 가로막는 거죠.

우리는 다른 사람들이 이타적인 행동을 한다면 기꺼이 함께하는 '조건부 협력자'입니다. 결국 이웃이 선하다고 믿게 될 때, 비로소 나도 함께 나설 의지가 생기는 거죠. 더 많은 사람이 "인간 본성은 선하다"라고 믿을수록 공동체 연대는 더 강해집니다.

'새벽을 여는 안개' - 더 나은 세상을 향하여

UNEP유엔환경계획이 제안한 '기후 위기와의 전쟁에 도움 줄 수 있는 10가지 방법' 중 첫 번째가 "목소리를 퍼뜨려라", 두 번째가 "정치적 압박을 가하라"입니다. 이처럼 기후 위기는 과학의 영역에서만 해결될 수 없는 문제입니다. 과학자들은 오래전부터 충분한 증거와 기술적 해법을 제시해왔지만, 정작 필요한 수준의 변화는 좀처럼 이루어지지 않았습니다. 이는 기후 위기의 본질이 과학과 기술 문제가 아니라 정치를 둘러싼 권력의 문제, 즉 기존 체제와 이해관계의 충돌에 있

<기후 변화 2023 종합 보고서> 표지.

음을 말해줍니다. 결국 기후 위기 대응은 제도를 바꾸는 정치적 과정이며, 이러한 변화를 만들어낼 힘은 시민에게 있어요. 이제 기후 위기는 시민이 직접 정치의 장에 들어가 변화를 만들어야 하는 시대가 되었습니다. 우리가 진정 두려워해야 할 것은 기후 위기 그 자체보다, 위기에 맞설 공동체 연대의 붕괴입니다.

기후 위기는 파멸이 아니라 더 나은 세상을 향한 기회가 될 수 있습니다. 영국은 제1차 세계 대전과 제2차 세계 대전을 치르던 기간에 오히려 기대 수명이 가장 크게 늘었습니

기후 위기를 걱정하는 당신을 위한
기후 학교

다. 기대 수명 증가는 기본적인 삶의 조건이 좋아졌다는 것을 의미합니다. 위험이 닥쳤을 때 공동체 연대, 협력, 나눔이 확산하여 기본적인 삶의 조건이 더 나아졌습니다. 기후 위기 또한 우리를 파멸이 아닌 더 나은 세상으로 이끄는 계기가 될 수 있습니다.

IPCC에서 보고한 정책 결정자를 위한 〈기후 변화 2023 종합 보고서〉 표지에 우리나라 지리산 사진이 등장했습니다. 전라남도 구례에서 촬영한 지리산인데 제목이 '새벽을 여는 안개'입니다. 안개로 인해 가야 할 길이 흐릿합니다. 이는 오늘날 기후 위기에 처한 인류의 불확실한 미래를 상징합니다. 그렇다고 깜깜해서 아무것도 안 보이는 상황은 아닙니다. 희미하게나마 가야 할 길의 윤곽선과 불빛이 남아 있습니다. 우리에게는 아직 가능성이 있습니다. 위기를 기회로 바꾸는 힘은 시민의 연대와 행동, 그리고 정치를 움직이는 목소리에 있습니다.

2강

기후 위기와 경제

김현우

김현우

탈성장과 대안 연구소 소장. 한국노동사회연구소 연구위원, 진보신당 정책연구원, 에너지기후정책연구소 연구기획위원으로 활동하며 정의로운 에너지 전환을 위한 연구와 실천에 매진해왔다. 지금은 〈탈핵신문〉 이사장으로 신문 발간을 돕고, 기후 위기를 알리는 교육과 탈성장 연구에 주력하고 있다. 쓴 책으로 『안토니오 그람시』, 『정의로운 전환』 등이 있으며, 함께 쓴 책으로 『인권으로 살펴본 기후 위기 이야기』, 『착한 에너지 나쁜 에너지 다른 에너지』, 『탈핵』 등이 있다. 옮긴 책으로는 『블루 뉴딜』, 『녹색 노동조합은 가능하다』, 『GDP의 정치학』 등이 있다.

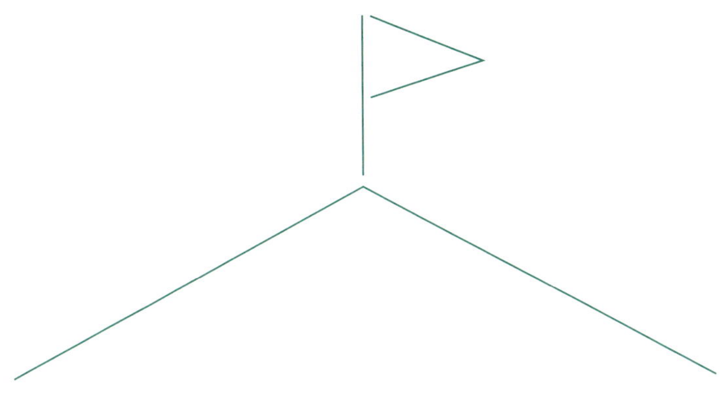

탈성장과 대안 연구소 소장 김현우입니다. 경제·노동·기후 위기 상황에서 정의로운 에너지 전환 방안을 고민하고 있습니다. 오늘 여러분과 함께 이야기 나눌 주제는 기후 위기와 경제예요.

대체로 2015년 파리협약을 전후로 과학자들 사이에서 지구 온난화의 '티핑 포인트', 즉 임계점에 관한 기준이 바뀌었습니다. 그전에는 산업 혁명 이후 2.0℃ 상승을 티핑 포인트라고 얘기하다가 데이터와 연구가 축적된 결과로 1.5℃로 합의가 변화한 것인데요. 각국은 이 1.5℃라는 마지노선을 지키기 위해 2030년까지 국가 온실가스 감축 목표Nationally Determined Contribution, NDC를 유엔에 제출했습니다. 그런데 최근 과학자들은 온도 상승을 1.5℃로 묶어두는 목표를 달성하기가 어렵다고 지적하기 시작했습니다. 어쩌면 이미 돌이킬 수 없는 상황에 진입한 것 아닌가 하는 위기감이 고조되고 있는 것이죠.

그런데 오늘 강의의 시작 부분에서 제가 강조하고 싶은 것은 1.5℃만이 성패의 잣대가 아니라는 것입니다. 사실 지구 평균 기온은 단 0.1℃의 차이로도 환경에 큰 영향을 미쳐요. 그러니까 목표를 살짝 웃돌아서 1.6℃로만 상승을 제한할 수 있더라도 굉장한 성공이에요. 해수면 상승 정도가 낮아져 수백만 명의 삶터를 지킬 수 있을 겁니다. 그만큼 우리의 삶도 안전해질 거예요. 문제는 기온 상승 추이가 좀체 꺾이지 않고 있다는 것입니다. 유엔에서 그렇게 논의를 하고 각국이 약속을 했는데도 왜 필요한 감축에 실패하고 있을까요? 일단 경제학적으로 볼 때 현재의 감축 계획과 방식에는 근본적인 한계가 있습니다.

지구 성장의 한계

이유 중 하나는 시장 논리입니다. 우리에게 익숙한 그래프를 생각해보겠습니다. 학교에서 경제학을 가르칠 때 제일 먼저 등장하는 수요와 공급 곡선입니다. 두 곡선이 만나는 지점에서 시장 가격이 결정되고 이때 최적의 자원 배분이 일어난다고 설명하죠. 일명 '보이지 않는 손' 이론입니다. 시장에게 맡겨두면 알아서 자원과 인력을 배분해서 우리 삶을 안녕하게 해줄 거라는 고전파 경제학의 가르침입니다.

두 번째는 성장 논리입니다. 우리는 현재의 자본주의 경제 시스템에서 GDP로 대표되는 경제 성장률이 매년 3% 이상은 유지가 되어야 한다는 말을 듣습니다. 그래야 기업이 돌아가고 일자리도 생기고, 세금을 걷어서 사회 복지도 합니다. 안 그러면 실업자가 늘어나고 국가 재정도 궁핍해진다고 배웠습니다.

이데올로기에 가까운 이 두 가지 논리에서 벗어나지 않고서는 현재의 위기를 극복할 수 없어요. '시장의 실패'는 많은 분이 잘 아시리라 생각합니다. 시장에만 맡겨두어서는 자원이 효율적으로 분배되지 않습니다. 빈익빈 부익부를 심화시키고 난개발로 환경을 파괴합니다. 또한 해마다 3%씩 성장해야 자본주의가 유지된다는 이야기는 계속 자원을 투입해야 한다는 뜻이에요. 그만큼 지구에 부담을 줄 수밖에 없지만 그건 '외부 효과'라는 이름으로 따로 해결하는 것으로 상정되죠. 앞서 이야기한 각국의 온실가스 감축 계획들은 현재의 자본주의 시스템을 그대로 유지하면서 2050년에 탄소 중립으로 가자는 것입니다. 하지만 '시장'과 '성장'을 둘 다 고수하는 한 이 계획은 실현 불가능하다는 것이 제 생각입니다.

지구에서 성장의 한계가 있음을 상징적으로 보여주는 연구가 있습니다. 영국 비영리 단체 아워월드인데이터_{Our World in Data, OWID}가 공개한 자료에 의하면 지구상에 사는 포유류 몸무게의 총합을 총 '생물량'이라고 했을 때 이 중 인간의 생물량이 무려 34%로 추정된다고 합니다. 지구에 사는 포유류 중 80억 명이 넘는 인간이 3분의 1이나 차지한다는 게 너무 놀랍지 않나요? 그런데 더욱 놀라운 것은 인간이 기르는 가축 포유동물의 생물량이 62%를 차지한다는 점입니다. 돼지, 소, 말, 양 등 우리가 키우는 동물이 그만큼을 차지합니다. 나머지, 즉 겨우 4%만이 야생 포유동물의 생물량입니다. 고래, 코끼리, 기린, 하마, 원숭이, 족제비 다 합쳐서 그렇다는 뜻입니다. 이런 말씀을 드리면 다들 깜짝 놀라요.

콜럼버스가 아메리카 대륙에 상륙할 때만 해도 세계 포유류 중에서 인간 생물량은 1%에 불과했어요. 그러다 급증해서 인간과 가축이 96%를 차지하게 된 겁니다. 이를 유지하는 데는 어마어마한 자원이 들어갑니다. 소 축산은 그 자체로 상당한 양의 메탄을 방출해서 온실 효과를 일으킵니다. 게다가 사료 작물 재배를 위한 토지 개발과 비료 제조, 도축과 운송, 가공과 판매에 막대한 에너지가 투입되죠. 말하자면 지구 전체가 인간을 중심으로 컨베이어 벨트처럼 움직이고 있는 겁니다. 이를 떠받치고 있는 것이 바로 화석 연료입니다. 당연히 대기의 화학적 성분이나 해류의 흐름 등이 바뀌죠. 그게 바로 기후 변화의 메커니즘이에요.

이러한 생산-소비 시스템이 지구의 수용 능력을 넘어서는 지점이 다가왔다고 과학자들은 말하고 있습니다. 이를 종합해서 '대가속Great Acceleration'이라고 하죠. 탄소 배출뿐 아니라, 물 소비, 플라스틱 생산, GDP 등 인간 활동의 가속화를 보여주는 여러 지표들이 제2차 세계 대전 후인 1950년대를 기점으로 기하급수적으로 올라갔습니다. 이런 추세라면 지구 시스템은 한계에 부딪힐 수밖에 없다는 것이 과학자들의 공통된 의견입니다.

기술이 지구를 살릴 것인가?
-의심받는 지속 가능성

새로운 기술이 모든 문제를 해결해줄 수 있으리라고 여기는 사람들도 있습니다. 대표적인 인물이 『지구를 위한다는 착각Apocalypse Never』이라는 도발적인 제목의 책을 쓴 마이클 셸런버거Michael Shellenberger입니다. 그를 포함한 일군의 전문가들은 종말론적 환경주의에 반대한다며 2015년에 "에코 모더니스트 선언"을 발표합니다. 이들은 여기서 '좋은 인류세', 심지어 '위대한 인류세'를 만들 수 있다고 말합니다. 가난과 생태계 파괴를 용인하지 않으면서 녹색 기술로 둘 다 동시에 해결할 수 있다고 강조해요. 이를 통해 빈곤을 퇴치하고 생태계를 보전할 수 있다고 주장합니다. 도시화, 농업 집약화, 스마트화, 담수화, 차세대 핵발전과 태양광 에너지 개발로 충분히 가능하다는 것이죠. 일종의 기술 대안주의입니다. 그러나 이런 생각에 대한 반론은 이미 수십 년 전에 제기되었죠.

그 유명한 로마클럽 보고서입니다. 1972년에 국제 비정부 기구인 로마클럽이 전 세계 과학자들에게 의뢰해 처음 보고서를 펴냈을 때는 따로 제목이 없었어요. 그러다 연구의 결론을 반영하여 '성장의 한계Limits to Growth'로 붙입니다. 당시 연

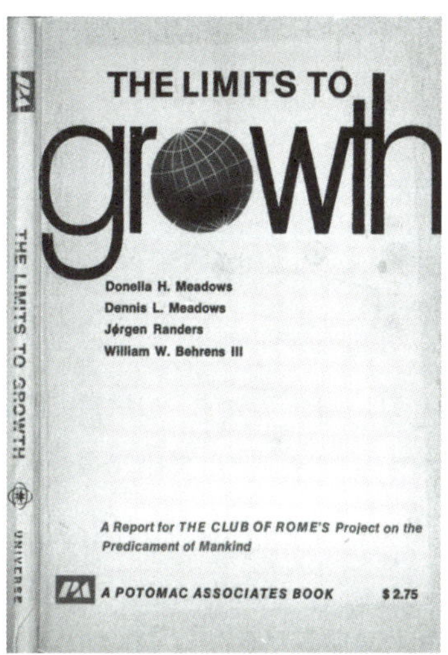

1972년 출간된 『성장의 한계』 초판 표지.

구자들은 생태계에 대한 공인된 과학과 경제 이론, 전 세계 자원과 환경에 대한 자료, 정보를 통합하고 추정한 컴퓨터 모형 그리고 우리의 '세계관'이 연구의 재료였다고 얘기합니다. 다른 건 알겠는데, '세계관'은 뭘까요? 각 분야를 하나로 떨어뜨려 놓지 않고 모두 연결되어 있고 영향을 주고받는다는 '시스템적 사고' 방식을 말하는 거예요.

예를 들어 보죠. 우리의 생산과 소비가 과다해지면 그 영향으로 숲이 무너지고 곤충이 사라지는 등 연쇄 반응에 의해 지구의 회복력이 떨어집니다. 그런데 우리가 일회용 컵 대신 텀

블러를 자주 쓰면 자원 채굴이 조금이나마 줄어들겠죠. 그러면서 생태계가 나아질 수 있습니다. 그뿐만 아니라 제도와 정치의 대응도 달라지고 사람들의 인식도 달라집니다. 과거에는 이런 식으로 생각하지 않았어요. 고전파 경제학에서는 다른 모든 조건을 분리시킨 채 시장에서 수요와 공급만을 이야기합니다. 그런데 이게 사실상 현실에서는 존재하지 않는 상황이잖아요.

로마클럽의 연구진은 당시로선 최첨단 도구였던 미국 MIT 공과 대학의 컴퓨터로 시뮬레이션을 실시했고, 그 결과 다음과 같은 결과가 나옵니다. 1인당 식량, 서비스, 생산은 계속 늘다가 2000년대를 넘어서며 줄어들었습니다. 비재생 가용 자원의 생산량은 더 빨리 떨어지고요. 이 지점에서 경제가 침체하고, 인구가 줄어들고, 환경 오염은 누적이 될 거라고 예측한 거예요. 이후의 데이터는 당시 예측이 다 맞지는 않았음을 보여주기도 합니다. 에너지 자원의 경우, 석탄과 석유 채굴량이 줄 것이라고 했지만 미개발 에너지가 새로 개발된 것도 있습니다. 셰일가스가 그렇죠. 그래서 석유 자원이 고갈되지는 않았지만, 어쨌든 계속 화석 연료가 사용되니까 에너지의 총소비량은 물론 탄소 배출도 늘어났죠. 그러니까 주요 변수들 사이의 영향 때문에 균형이 깨지고 경제와 사회가 한계에 봉착한다는 결론은 그대로입니다. 50여 년 후에 연구진이 더욱 정교해진 데이터로 다시 시뮬레이션한 결과를 보면 일부 오차는 있어도 추세는 비교적 정확했음을 알 수 있습니다.

1972년 당시 이 보고서가 발간되었을 때 세간의 반응이 어땠을까요? 일부는 경각심을 가졌겠지만, 상당수는 '에이, 괜히 겁주지 마. 인간의 창의력과 과학 기술이 다 해결할 수 있겠지' 하고 생각했습니다. 그럴 만한 게, 이 보고서가 발간되기 3년 전인 1969년에 인류는 최초로 달 착륙에 성공합니다. 전 세계 사람들이 이를 TV로 지켜봤으니, 지구에서 살기 어려워지면 화성으로 이주하면 되겠다고 생각했겠죠.

보고서의 핵심 메시지는 인구든 GDP든 성장의 한계가 분명하다는 점이었습니다. 그런데 당시 사람들이 이를 안 받아들였죠. 그리고 시간이 지날수록 성장의 곡선은 더욱 가팔라졌어요. 동시에 지구의 회복력은 파괴됩니다. 바다가 오염되고, 생물종 다양성이 줄어들고, 공기가 나빠지면서 자정 능력이 줄어들어요. 과학자들은 이런 추세라면 곧 회복 불가능 상태로 갈 것으로 봅니다. 사실 『성장의 한계』는 근거 데이타도 매우 정확했어요. 그래서 부유한 나라들이 솔선수범해서 대책을 마련해야 한다는 사실 그 자체를 반박하기는 어려웠습니다.

그런데 1980년대가 되면서 '지속 가능한 발전sustainable devel-opment'이라는 말이 등장합니다. 1987년 유엔에서 발표한 『우리 공동의 미래Our Common Future』라는 보고서에서 처음으로 이 개념을 정식화해요. 1992년에는 유엔환경개발회의리우 회의에서 지속 가능한 발전의 국제 규범화를 추진하고 1990년대 후반에 들면 우리나라 지방자치단체에도 '지속가능발전협의회'가 생깁니다.

유엔을 비롯한 국제기구들은 굉장히 공을 들여서 여러 지속 가능한 발전 목표를 제시했습니다. 경제 성장뿐 아니라 평등, 민주주의, 환경 등을 포괄한 것은 성과였지만 그리 성공적이지는 못했죠. 수십 년이 흐른 지금 사태는 더욱 악화됩니다. 이에 많은 이가 의구심을 갖게 되지요. '지속 가능한 발전? 그런데 왜 결과가 이렇게 된 거지? 해결되긴 하는 거야?' 그러면서 용어 자체의 부정확성이 도마 위에 오릅니다. '미래 세대 발전의 잠재력을 훼손하지 않는 수준과 방식의 발전'이라는 개념 자체는 알겠으나 그게 정확히 무엇이냐는 질문 앞에서 모호해지는 지점이 있죠. 무엇보다도 시급한 환경 위기 문제를 해결하기에는 '지속 가능한 발전'이라는 말이 너무 안일하다는 지적이 있습니다.

이 때문에 더 냉정한 접근에 대한 요구들이 나왔습니다. 환경 과학자 바츨라프 스밀Vaclav Smil의 현실론도 참고할 만한데요. 그가 보기에 청소년 기후운동가 툰베리는 너무 비관적이고 재생 에너지만 바라봅니다. 한편 레이 커즈와일Ray Kurzweil이라는 미래학자이자 컴퓨터 공학자는 너무도 낙관적인 기술 만능론에 기울어 있습니다. 실제로 커즈와일은 인간의 기술과 인공 지능AI이 발전하여 어떤 '특이점'을 지나게 되면 자원의 제한은 없어질 것이고 오염도 다 해결할 수 있을 거로 봅니다. 인간은 신체 장비를 하나하나 교체하면서 무병장수를 누리다가 급기야는 네트워크로 경험과 기억을 이식하면서 영생을 살게 되리라는 이야기를 해요.

바츨라프 스밀은 양쪽 모두를 경계하면서 현실적 대안을 찾는 데 주력합니다. 그는 암모니아, 플라스틱, 강철, 콘크리트, 이 네 가지를 현대 문명을 이루는 네 기둥이라고 봅니다. 비료와 건축물, 각종 도구와 상품을 만드는 데 쓰이죠. 대량생산과 대량 소비를 가능하게 하는 대가속의 핵심 기술과 재료들입니다. 스밀은 당장 이들을 대체하기는 어렵다고 봐요. 다만 서서히 그리고 순차적으로 대체해나갈 수 있다고 주장합니다. 스밀이 핵발전에 대해서는 유독 우호적인 기대를 하고 있는 게 문제로 보이긴 하지만, 기술로 간단히 대가속을 해결할 수 없다는 점은 분명합니다.

일부에서는 경제 성장과 환경 부하 증가가 반드시 정비례하는 건 아니라는 주장도 합니다. 실제로 1인당 국민소득이 1만~2만 달러쯤 되면 GDP 성장에 비해서 이산화탄소 배출량이 줄어들더라는 겁니다. 다양한 저감 기술이 사용되고 자원 투입 위주 성장에서 벗어나고 정책도 발전하기 때문입니다. 이를 '탈동조화decoupling'라고 합니다. 앞서 지속 가능한 발전이라는 개념도 성장을 계속하면서 오염은 줄일 수 있다는 생각이기 때문에 탈동조화 개념에 입각한 것입니다.

그런데 실제로 탈동조화가 대가속, 그리고 그 일부인 기후 위기를 해결할 수 있을까요? 최근의 경험적 연구들은 탈동조화가 실제로 일어나지 않거나 너무 미미하다는 점을 보여줍니다. 예를 들어 서유럽 등에서 탈동조화를 통해 탄소 배출을 상대적으로 줄였더라도 지구 전체적으로 봤을 때는 배출이 더 늘어났다는 것입니다. 탄소를 많이 배출하는 공장이 중국 등 제3세계로 옮겨 갔을 뿐이기 때문이죠. 역사적으로 보더라도 탄소 배출은 어떤 녹색 기술과 정책보다는 코로나19 팬데믹 같은 전 지구적 경제 하강이 있을 때만 유의미하게 줄었다는 거예요.

그런데 코로나19 팬데믹에는 아주 중요한 힌트가 있습니다. 팬데믹이 강타한 2019~20년 사이에 세계적으로 생산과 소비는 물론 사람과 물류의 이동이 크게 줄었습니다. 바깥에 못 나가니까 식재료를 사서 집에서 음식을 해 먹었어요. 항공기, 차량 등 탄소 배출을 많이 하는 교통수단의 이용도 많이 줄었습니다. 사실 이 당시 보여주었던 5~10%의 배출 감소가 매년 계속 이어져야 2050년까지 탄소 중립이 가능합니다. 그러나 세계는 코로나19에서 빠져나왔고 세계의 온실가스 배출량도 다시 반등했습니다.

물론 코로나19 같은 팬데믹이 다시 와야 한다거나 인위적으로 인구와 이동을 줄여야 한다는 주장을 하는 게 아닙니다. 제3세계와 취약층에 더욱 큰 피해를 주는 그런 일은 바람직하지도 않고 가급적 막아야 하죠. 다만 하나의 힌트는 될 수 있습니다. 불필요하거나 너무 과도한 생산과 소비, 이동을 줄이면 온실가스 배출을 의미 있게 줄일 수 있을뿐더러 사람들 사이의 관계를 오히려 돈독하게 하고 여유 있는 삶이 가능해진다는 것입니다. 그렇다면 다른 질문을 던질 수 있게 됩니다. 우리는 더 적게 생산하고 더 적게 소비하고 더 많은 관계를 만들어도 좋지 않은가, 그런 방식에 적응하고 거기서 발생할 수 있는 피해를 줄이는 데에 경제와 정치 역량을 돌리는 게 해법이 아닐까? 이런 질문에 답을 찾으려면 '성장주의'에 정면으로 맞설 수 있어야 합니다.

성장주의가 문제다

'엔트로피entropy'라는 개념이 있어요. 무질서의 정도 혹은 쓸 수 없는 에너지의 양을 나타내는 개념입니다. 미국 경제학자 제러미 리프킨Jeremy Rifkin이 대중화한 용어이지만 원래는 니콜라스 게오르게스쿠 뢰겐Nicholas Georgescu-Roegen이라는 화학자가 만든 개념이에요. 열역학 1법칙은 '에너지 총량은 일정하다'입니다. 열역학 2법칙이 바로 엔트로피 증가의 법칙이에요. 에너지 총량은 그대로일지라도 형태가 바뀌면 엔트로피, 즉 무질서가 증가해서 원래의 상태로 돌아가지 못한다는 뜻입니다.

예를 들어 석탄을 태워 발생한 열로 물을 끓여 터빈을 돌려 전기를 생산합니다. 이 전기가 송전망을 타고 우리 집까지 오면 우리는 전기로 커피포트를 데워 따뜻한 커피를 마실 수 있어요. 이 과정에서 열에너지는 전기 에너지를 거쳐 다시 열에너지로 전환해요. 에너지 총량은 변함이 없습니다. 그러나 역방향으로 되돌릴 수는 없습니다. 따뜻한 커피가 다시 석탄이 되지는 않잖아요. 말하자면 한 번 캐서 쓴 석탄, 석유, 가스는 다시 원래대로 되돌릴 수 없다는 뜻입니다. 엔트로피의 법칙은 자연스럽게 우리 지구가 가진 자원의 한계를 떠올리게 합니다.

또 하나 생각해볼 것은 미국의 생태 경제학자 허먼 데일리 Herman Daly가 말한 '물질적 처리량material throughput' 개념이에요. 이는 경제 활동을 유지하는 데 필요한 물질과 에너지의 흐름을 말하는데, 데일리는 물질적 처리량이 항상 생태 시스템의 재생과 흡수 용량 범위 안에 있어야 한다고 주장합니다. 우리는 경제 활동을 통해 식량도 확보하고 이윤도 만들고 복지도 만들어냅니다. 그런데 그 결과물로 폐물질과 폐에너지가 나옵니다. 이를 회복하고 순환되려면 생태계라는 시공간이 필요한데 이 부분이 절대 부족해졌다는 거예요. 데일리의 주장을 쉽게 말하자면, 먹고 마시는 건 좋은데 자연이 자원을 회복할 만큼만 하자는 이야기입니다. 그런데도 기술 하나만 믿고 계속하다가는 재난을 피할 수 없다는 뜻입니다. 앞서 이야기한 1972년 로마클럽 보고서 이후로 꾸준히 제기되어온 주장이에요.

다시 온실가스 배출 감축의 문제로 돌아가보죠. 기후운동가 오브리 메이어Aubrey Meyer는 앞으로 몇 년도까지 탄소 중립을 이룬다는 목표만 가지고서는 안 된다고 보고, 누가, 얼마큼, 어떻게 줄일지가 보다 명확해져야 한다고 주장합니다. 그래서 모든 나라에서 1인당 배출을 공평한 수준으로 만들자는 '감축contraction과 수렴convergence' 원칙을 제안해요. 이는 1992년 그가 이끄는 세계커먼즈연구소GCI가 만든 원칙으로 2009년 코펜하겐에서 열린 유엔기후변화협약회의에서 논쟁 대상이 되었고 2015년 파리협약 이후 대체로 받아들여졌습니다. 기후 변화와 불평등을 함께 해결하려는 원칙이자 노력이라고 할 수 있습니다. 이 관점에서 보면 지금 탄소 배출로 이득을 많이 보는 사람들, 집집마다 자동차가 있고 각종 전자 제품으로 전력 소비를 많이 하며 생산 과정에서 탄소 배출량이 많은 육식을 주로 하는 나라, 즉 서구 나라들에 더 많은 감축량을 부과해야 합니다.

육식 이야기가 나오니까 영국 환경운동가 조지 마셜George Marshall의 책 『기후 변화의 심리학Don't Even Think About It』의 한 대목이 생각나네요. 그는 유엔기후변화협약회의에서 메탄가스 배출을 촉발하는 소 목축이 한 번도 공식 의제로 다뤄지지 않았다는 점을 지적합니다. 이유는 유엔에서 가장 목소리가 큰 미국이 햄버거의 나라이기 때문이라는 겁니다. 목축업자들, 다국적 기업들 눈치를 보느라 소고기와 목축업을 의제로 다루는 데 소극적이라는 이야기입니다.

이상의 이야기를 종합해보면 '지속 가능한 발전'으로는 오늘날의 기후 위기를 극복하기에 역부족이며, 기술에 의존하기보다는 '성장' 자체를 문제 삼아야 한다는 결론에 도달합니다. 그리고 이는 자연스럽게 '탈성장^{degrowth}' 담론으로 이어집니다. 그런데 일단 탈성장이라고 하면 너무 도덕적이거나 비현실적인 것으로 여기는 분들이 많을 겁니다. 하지만 탈성장이 이제는 철학자나 자발적 빈곤을 요구하는 사회운동가들이 아니라, 기후 공학자와 경제학자들의 입에서 나오고 있다는 점을 말씀드리고 싶네요.

우리는 탄소 중립 목표를 달성하기 위해 풍력, 태양광 등 재생 에너지 개발과 탄소 포집 기술 등을 현실화하는 데 애써야 한다고 알고 있습니다. 그런데 2021년 5월에 과학 전문 저널 〈네이처 커뮤니케이션〉에 흥미로운 논문이 한 편 실립니다. 로렌츠 T. 카이서 ^{Lorenz T. Keyßer}와 맨프레드 렌첸 ^{Manfred Lenzen}의 '1.5℃ 탈성장 시나리오는 새로운 감축 경로의 필요성을 시사한다'라는 논문인데요, 이들이 시뮬레이션을 해보았더니 GDP를 유지하거나 약간 마이너스 성장했을 때 훨씬 안전하게 기온 상승 1.5℃라는 목표를 달성할 수 있고 재생 에너지 의존이 갖는 위험성도 줄어들 것이라는 이야기입니다. 그렇지만 탈성장 경로는 정치적 실현 가능성과 관련하여 상당한 도전이 남아 있다는 말로 결론지어요. 탈성장 논리를 지금의 정치인들이 받아들이기 쉽지 않을 거라는 이야기죠.

하지만 앞으로 1.5℃ 경로를 탐색하는 모든 시나리오 연구에는 탈성장 경로도 유력하게 포함시켜야 한다는 게 저자들의 주장입니다.

지난 50여년 전부터 기후 공학자, 물리학자, 경제학자 등이 일관되게 해온 경고는 분명합니다. 우리는 이미 한계에 들어섰고 기술만으로는 대가속과 기후 위기를 해결할 수 없다는 점입니다. 저도 개인적으로 환경과 경제를 다루는 연구소에서 일하면서 재생 에너지나 탈동조화를 통한 지속 가능한 발전으로 현재 위기를 극복할 수 있을까? 하는 의문을 점점 더 품게 되었습니다. 경제 성장이라는 정책, 이데올로기 자체를 들여다봐야 하는 게 아닌가? 하는 생각을 하게 된 것이죠. 그래서 1990년대부터 정립되기 시작한 탈성장 담론과 이론들을 살펴보니 꽤 유용한 이야기들이 있었습니다. 이어서 이 부분을 소개해드리려고 합니다.

제국적 생활 양식과 탈성장

먼저 성장주의의 문제점을 다시 말씀드려야겠죠. 여기서 말하는 성장주의는 단지 물리적 성장이 아니라, '성장을 위한 성장' 또는 묻거나 따지지도 않고 무조건 무한한 성장이 필요하다는 이데올로기를 의미합니다.

성장주의에 대해서는 다양한 측면에서 비판이 가능할 텐데요. 생태적으로 볼 때 우리 삶의 토대를 파괴하고 돌이킬 수 없는 상태로 변형시킨다는 점을 들 수 있겠습니다. 그런데도 우리가 '성장' 이데올로기를 버리지 못하는 데는 몇 가지 이유가 있습니다. 우선 성장을 해야만 우리가 잘살 수 있다는 논리입니다. 흔히 '낙수 효과'라고 하죠. 경제가 성장해서 부가 쌓이면 위에서 아래로 물이 흘러가듯이 고루 혜택을 볼 거라는 이야기에요. 하지만 실제로는 그렇지 않죠. 불평등이 갈수록 심해지고 있을 뿐입니다. 그러면서 극소수의 부자와 부자 나라들이 배출하는 탄소량이 어마어마하구요.

이데올로기로서의 성장주의는 오늘날 국제적 분업을 통한 '제국적 생활 양식'을 양산합니다. 이는 독일의 울리히 브란트Ulrieh Brand와 마르쿠스 비센Markus Wissen이 2017년에 출간한 동명의 책 『제국적 생활 양식Imperiale lebensweise』에서 제시한 개념입니다. 저자들은 다음을 사례로 듭니다. 겨울철 독일 학교 급식실에서 제공하는 중국산 딸기, 미등록 이주자들이 스페인 안달루시아에서 북유럽 사람들을 위해 생산하는 토마토, 북반구 소비자를 위해서 태국과 에콰도르의 맹그로

브 숲을 파괴하면서 양식하는 새우 등이 그렇습니다. 우리나라도 그리고 우리들도 예외는 아니지요? 전 세계적으로 그런 시스템 안에서 생산과 소비가 이루어지고 있습니다. 이는 제3세계, 여성 등 사회적 약자의 희생을 통해 유지됩니다. 계속 확장하고 더 많이 소비하고 폐기하는 제국적 생활 양식이 전 지구적인 성장주의에 윤활유 역할을 하는 것입니다.

성장주의의 문제점을 대체로 살펴보았다면, 과연 대안이 있는가, 탈성장은 무엇인가, 라는 질문이 생기셨을 것 같네요. 탈성장이란 무엇일까요? 말 그대로 성장에서 벗어나기, 즉 성장이 없어도 괜찮은 상태로 가는 것입니다. 탈성장의 선구적 이론가 중 한 명으로 꼽히는 오스트리아 철학자 이반 일리치Ivan Dominic Illich는 탈성장을 달팽이에 비유합니다. 탈성장은 코끼리의 덩치를 작게 하는 게 아니라 전혀 다른 존재, 예를 들어 달팽이로 바꾸는 것입니다. 일리치는 달팽이가 스스로 짊어질 만한 무게의 껍데기를 달고 다니며, 그 이상으로 성장하지 않게 한다고 말했습니다. 왜냐하면 나선형의 껍데기가 한바퀴만 더 돌아가도록 자라도 몸이 16배나 커지기 때문이에요. 기하급수적 성장이란 그런 것입니다. 달팽이뿐 아니라 자연에 있는 생명체 대부분은 적정선까지만 성장합니다. 즉 일리치가 말하는 탈성장은 작아지는 게 아니라 생존에 최적화한 규모를 찾아가는 개념입니다.

하지만 우리는 개인으로서든 국가로서든 계속 성장하지 않으면 비정상이거나 뒤처지는 것이라는 생각을 일반적으로 갖고 있습니다. 거의 강박 관념이죠. 이런 경향에는 GDP라는 숫자의 마술도 한몫합니다. 우리는 보통 한 해의 경제적 성과를 측정하는 것으로 간주되는 국내 총생산GDP을 성장 기준으로 삼습니다. GDP는 한 나라의 경제 주체가 1년 동안 생산한 시장 가치의 총합을 의미합니다. 그런데 여기에는 우리 삶의 질과 관계없는 것들도 포함되어 있어요. 전쟁으로 폐허가 된 도시를 복구하거나 각종 사고를 수습하는 데 동원된 재화나 서비스도 GDP로 집계됩니다. 과거 천문학적인 돈을 쏟아부은 4대강 사업도 그렇죠. 멀쩡한 강바닥을 파고 메우는 데 들어간 인력과 재화가 모두 GDP에 들어갑니다. GDP는 늘었는데 우리 삶은 위태로워지는 모순이 여기서 발생해요.

우리를 정말 행복하게 하는 안전감, 존중감 등은 GDP로 측정되지 않습니다. 시장에서 가격이 매겨질 수 있는 것만 포함하니까요. 그래서 GDP 지표에 관해 회의와 비판이 많습니다. 국민총행복지수GNH나 참진보지수GPI 등의 지표로 대체하자는 진지한 제안도 있습니다. 실제로 뉴질랜드나 아이슬란드 등 몇 나라는 경제 정책 수립에서 GDP가 아니라 보다 종합적인 웰빙 지표를 채택하기로 했습니다.

성장주의의 허상은 기업의 '계획적 진부화planned obsolescence' 라는 관행에서도 찾아볼 수 있습니다. 일부러 제품 수명을 짧게 만드는 거예요. 실제로 1920년대 중반 세계 주요 전구 회사들이 모여 담합을 합니다. 핵심 부품인 필라멘트의 수명을 절반으로 줄여요. 당연히 소비가 늘겠죠. 그만큼 쓰레기는 쌓이고 자원은 낭비됩니다.

요즘 스마트폰의 평균 교체 주기가 2년이 안 되죠? 멀쩡해도 버리고 새로 바꿉니다. 업데이트 지원을 안 해서 쓰기 불편하게 하거나 각종 광고나 마케팅으로 바꾸지 않으면 안 될 것 같은 분위기를 만듭니다. 신제품은 계속 나오고 소비자는 최신 모델에 현혹되기 마련이에요. 이는 기업의 수익을 극대화하고 GDP를 늘이는 데 기여하지만 생산과 소비를 가속화하면서 자원 낭비와 기후 변화를 촉진합니다.

탈성장은 이렇게 생산과 소비가 맞물려 돌아가는 성장주의 톱니바퀴의 속도를 줄이자는 겁니다. 제품 수명이 늘어날수록 새 상품을 만드느라 들어가는 재료가 줄어들어요. 온실가스 배출도 그만큼 줄어듭니다. 이렇게 좋고 간단한 방법이 있는데, 굳이 이를 외면하고 지속 가능한 발전과 탈동조화를 이야기하는 건 모순이 아닐까요. 기업이 이윤을 포기하지 못하듯이 우리가 '성장'에 매달려 있기 때문이에요.

생산과 소비를 줄이는 방식은 노동 시간과도 연결됩니다. 더 많이 생산하려면 더 많은 시간을 노동에 투입해야 합니다. 그만큼 탄소 배출도 늘어나겠죠. 영국의 한 연구에 의하면 주 5일제를 4일제로 바꾸면 국가 탄소 배출이 20%나 줄어든다고 합니다. 생산을 줄임으로써 삶의 질도 좋아지고 환경에도 유익해지는 거예요.

기후 위기 앞에서 노동 친화적 대안 찾기

물론 탈성장은 개인 차원에서 가능한 일은 아닙니다. 혼자 감당하기에는 지나치게 거대하거나 가혹하거나 막연한 것으로 느껴지기 쉽죠. 그래서 여럿이 함께 해야 합니다. 성장주의 바깥에서 보다 적고 보다 자율적인 생산과 소비를 통해 지금과 같거나 더 나은 삶을 살 수 있다는 믿음을 갖고 나눌 수 있어야 합니다. 그러려면 선구적으로 나서는 사람도 있어야 합니다.

한 공동체가 변화하려면 3.5% 이상의 구성원이 행동해야 한다고 합니다. 그들이 앞서 나갈 때 사람들은 불안을 떨치고 함께할 수 있어요. 이건 제 이야기가 아닙니다. 미국의 정치학자 에리카 체노웨스Erica Chenoweth가 2013년에 테드TED 강연에서 소개한 개념입니다. 이분이 연구해보니까 한 나라 인구 중 3.5% 이상이 집회나 시위를 지속했을 때 결국 그 운동이 비폭력 방식으로 성공하더라는 거예요. 흑인 민권운동, 여성 참정권 운동 등이 다 그랬습니다. 그렇다면 성장에 의존하는 현재 시스템의 관성도 3.5%라는 '사회 변화의 티핑 포인트'에 도달할 수 있다면 충분히 바꿀 수 있겠죠.

우리가 기온 상승을 막으려면 화석 연료를 엄청나게 줄여야 합니다. 그만큼 재생 에너지를 늘여야 하죠. 에너지 효율화도 뒤따라야 합니다. 마찬가지로 우리가 탈성장이라는 거대한 변화를 받아들이려면 일부는 상당한 불편과 손해를 감수해야 할 것입니다. 다른 한편으로는 탈성장 운동에서 '공생공락conviviality'이라 부르는 관계의 강화와 새로운 즐거움을 얻게 되겠지요. 문제는 우리가 부담을 공평하게 나눌 수 있도록 사회적 정의에 대한 공감대가 마련되어야 한다는 점입니다.

특히 기후 위기는 노동과 깊은 관계에 놓여 있습니다. 화석 연료를 기반으로 하는 기존의 산업 구조를 해체해야 하기 때문입니다. 그런데 이는 일자리에 큰 영향을 미칩니다. 어느 날 갑자기 나와 가족의 일자리가 사라질 수 있어요. 그래서 산업 재편의 소용돌이 속에서 어떻게 노동을 보호할 것이냐 하는 논의가 이어지고 있어요. '정의로운 전환Just Transition'이 대표적입니다.

오늘날 기후 변화는 경제 활동에 변화를 가져오고 있습니다. 세 가지 측면이 있는데요. 하나는 기후 변화 자체가 가져오는 변화입니다. 예를 들어 날씨가 더워지거나 기상 재난이 빈번해지면 작물 생산량이 줄어들겠죠. 농민이 피해를 봅니다. 건축 관련 노동자들이 야외에서 일하기가 힘들어집니다. 두 번째 경로는 대중들의 인식 변화의 영향입니다. 소비자들이 친환경 제품을 선호하면서 기존 방식으로 생산되는 제품의 경쟁력이 떨어집니다. 당연히 여기에 종사하는 사람들의 일자리가 감소하겠죠. 세 번째는 기후 변화 협약 등 각종 규제로 인한 변화입니다. 현재 전 세계적으로 관세나 각종 협약 등으로 수출이 제한받고 있습니다. 이로 인한 시장 변화가 일자리에도 영향을 미치고 있어요.

구체적으로는 석탄, 가스, 석유 관련 산업, 원자력, 내연기관 자동차 부문 등은 위축될 가능성이 있습니다. 대신 재생 에너지, 에너지 효율화 분야는 고용이 늘 거예요. 그래서 환경 위기 요인으로 인한 일자리 축소가 예상만큼 크지는 않을 거라는 전망도 있습니다. 다만 변동이 있을 거라는 점은 확실해요. 노동자들은 노동 시장의 작은 변화에도 큰 영향을 받습니다. 어느 한 군데서 일하던 사람에게 산업 환경이 바뀌었으니 오늘부터는 다른 지역이나 다른 나라에 가서 다른 일을 하라고 할 수는 없잖아요. 각자의 조건과 경험이 다르니, 이를 존중해야 합니다. 그래서 미국의 노동운동가 토니 마조끼 Tony Mazzocchi는 기후 위기에 대응하는 산업 재편 속에서 노동자가 희생되지 않는, 보다 노동 친화적인 대안을 역설했습니다. 이것이 바로 '정의로운 전환'의 논리적 배경이에요.

토니 마조끼는 어린 나이에 2차 대전에 참전합니다. 유럽 전선에서 복무했으며 독서를 좋아해서 훗날 레이첼 카슨의 『침묵의 봄』을 읽고 깊은 감명을 받았다고 합니다. 그래서 노동운동을 하면서는 작업장에 환경주의를 도입하는 등의 노력을 기울였다고 해요.

전쟁이 끝나고 마조끼가 고국으로 돌아올 당시 미국은 퇴역 군인들에게 원호법을 통해 학비와 생계비를 지원하고 일자리를 알선해주었습니다. 여기서 마조끼는 전쟁이나 공황 같은 특별한 시기에 사회적 프로그램이 필요하다는 생각을 얻게 되었습니다.

귀국한 마조끼는 자동차 공장에 있다가 화장품 공장으로

옮겨서 노조 간부 활동을 했어요. 그런데 보니까 화장품 원료가 독성이 있고, 작업 공정도 유해해요. 그는 이를 '독성 경제'라고 명명하고는 바꾸기 위한 프로그램을 기획합니다. 정부와 기업 노동자가 함께 참여하는 이 프로그램이 바로 '정의로운 전환'이었어요. 그때가 1990년대였는데, 유엔기후변화협약이 생기는 등 국제적인 환경 대응이 본격화되던 시기였습니다. 여기에는 국제 노동운동 조직도 참여했고요. 그 결과 2015년 파리협약 전문에 "각국의 발전 우선순위에 따라서 노동력의 정의로운 전환과 좋은 일자리 창출의 원칙을 고려할 것"이라는 문구가 포함돼요. 유엔에서 정의로운 전환의 원칙과 개념을 공인한 거예요. 이러한 상황을 반영하여 국제노동조합총연맹ITUC에는 정의로운 전환센터Just Transition Centre가 설립됩니다.

오늘날 정의로운 전환은 환경 정의, 기후 정의 관련해서 인종, 성, 계층, 지역의 사회·경제적 불평등을 해소하는 개념으로 확장되고 있습니다. 사회운동의 일부를 담당함으로써 노동조합으로서 해야 할 일이 많아진 거예요. 다만, 현실적으로는 노동자의 이해관계를 지키기도 버거운 실정이기는 해요. 일자리 상실은 불가피하고 이를 기후 문제와 관련해서 풀어낼 수 있느냐는 회의가 있습니다. 전통적인 환경운동 쪽에서는 일자리 중심 전략이 자본주의 체제 유지에 포섭될 수 있지 않느냐고 비판하기도 합니다. 이 때문에 '정의로운 전환'에 대한 이해에 각자 차이가 있음을 인정해야 합니다. 과거의 화석 경제, 채굴 경제를 재생 경제로 바꾸는 데는 큰 변화가 따르고 여기에는 긴 시간이 필요합니다. 이 문제를 해결하는 데 특정 노선만이 맞다고 할 수는 없어요. 중요한 건 정의롭게 이 난국을 헤쳐 나가야 한다는 원칙입니다.

예를 들어서 한국의 충청남도 지역인 서산, 태안, 당진, 보령, 서천 등지에 석탄화력 발전소들이 많습니다. 여기에 고용된 노동자들도 상당수여서 지역 경제의 중추라고 할 수 있어요. 한국전력의 자회사들이라서 지금까지는 안정적이고 지역 세수에도 많이 기여하는 상태입니다. 그런데 만약 탄소 배출을 줄이기 위해 이 발전소들을 없애고 재생 에너지로 대체한다고 하면 당장 일자리와 생계에 타격을 입는 사람이 생깁니다. 정의로운 전환을 하려면 장기적인 계획이 있어야 합니다.

그리고 여기에는 근본적인 질문이 하나 있어요. 각 지역의 발전소들이 과연 누구를 위한 시설이냐는 거예요. 석탄 발전이든 재생 에너지 발전이든, 충남 사람들이 쓰는 게 아니에요. 이 지역은 이미 전력 자립도가 100%를 훨씬 넘습니다. 그러니까 생산된 전기 상당량은 수도권으로 갑니다. 석탄화력 발전소가 없을 때도 지역 사람들은 농업, 어업, 서비스업, 관광업 등에 종사하면서 살고 있었어요. 그러니까 지금의 발전소는 서울과 수도권을 위한 식민지적인 방식으로 운영되고 있는 겁니다. '정의'의 관점에서든 지속 가능한 경제의 관점에서든 이런 식의 에너지 생산 기지 상태는 재검토되어야 해요. 이들을 재생 에너지로 대체한다 하더라도 지역 경제와 환경에 대한 피해를 예방하고 최소화하도록 다양한 대안을 모색해야 합니다.

채굴 경제에서 재생 경제로 이행하는 데는 큰 비용이 듭니다. 부자들이나 인기에 영합하는 정치인들이 자발적으로 하기란 쉬운 일이 아니에요. 그래서 시민들의 지속적인 압박이 필요합니다. 노동자와 지역 공동체들이 토론하고, 대안을 만들어서 정치권에 제시해야 해요. 당장 발생하는 비용, 세수 결손 등만 볼 게 아니라 넓은 시야로 전환을 바라보아야 합니다. 그러려면 미래 세대의 눈으로 볼 수 있어야 해요.

정의로운 전환의 모범 사례 만들어야

이상으로 정의로운 전환의 개념과 역사를 간략히 말씀드렸는데요. 목표와 달리 현실적으로 부닥치는 어려움이 있습니다. 전환 과정에서 실업이 발생하고 '녹색 일자리'가 생긴다고 하더라도 시간이 필요합니다. 전환을 정밀하게 설계하고 충분히 토론하고 민주적으로 합의하지 않으면 반발에 부딪히거나 희생을 초래할 수 있어요. 그 과정에서 시간만 지체되면서 환경 위기는 가속화되는 상황이 발생합니다. 일종의 역설이죠. 그래서 교훈이 될 만한 성공 사례들을 소개해드리겠습니다.

하나는 1970년대 초 호주에서 벌어진 그린 밴^{Green Ban} 운동입니다. 노동자가 중심이 되어 펼친 환경운동이에요. 시드니 근교의 유서 깊은 숲 지역과 마을에 아파트 단지를 지으려는 건설 프로젝트를 마을 주민과 건설 노조가 힘을 합쳐서 막아낸 사례입니다. 건설 노동자들이 프로젝트 참여를 거부하자 여론이 호응하면서 성공을 거뒀습니다. 이 운동은 재건축 반대뿐만 아니라 핵물질인 우라늄 운송 저지, 대학교의 차별 금지 등으로 확산됐어요. 노동조합이 단지 노동 조건만 아니라 사회 문제 전반에 의견을 표출하고 지역과 함께 사회운동을 조직화할 수 있다는 선례를 보여주었어요.

비슷한 시기 영국에서는 루카스 플랜 운동이 일어납니다. 전투기 부품 등을 생산하던 루카스 항공사가 구조 조정을 예고했어요. 당시 회사에는 컴퓨터 제어, 유체 역학 등을 전공한 전문 기술 노동자들이 많았어요. 이들은 바로 파업에 들어가는 대신에 공장 안팎으로 설문 조사를 실시합니다. 루카스 항공사의 장비와 노동자들의 기술로 군사 무기 대신 다른 분야 생산품에 대한 아이디어를 모은 거죠. 많은 제안들이 들어왔고 노동자 위원회는 그 결과를 토대로 1000페이지나 되는 책자인 『루카스 플랜The Lucas Plan』을 만들어요. 여기에는 태양광과 풍력 모듈, 히트펌프, 인공 신장, 장애인 활동 보조 장치, 도로와 궤도를 전환하여 달릴 수 있는 버스 등 150가지의 제품 설계와 스케치가 담깁니다. 노동자 위원회는 사측에게 정리 해고 대신 '사회적으로 유용한 생산'으로 전환하자며 교섭을 요구했습니다. 그러나 사측에서 반대했어요. 무얼 어떻게 만들지는 경영자가 결정한다는 논리였죠. 그래서 루카스 플랜이 실현되지는 못했지만 정리 해고를 막을 수 있었고 훗날 노동자 참여를 통한 전환 정책 설계 등에 큰 영향을 미칩니다.

발전 부문의 사례를 볼까요? 2016년에 미국 캘리포니아

해안가에 디아블로 캐년^{Diablo Canyon}이라는 핵 발전소가 운전 연장 신청을 하지 않겠다는 결정을 합니다. 대신 재생 에너지 연구·생산 단지로 바꿀 계획을 수립해요. 그 과정에서 고용 안정과 지역 경제 활성화 등이 함께 논의됩니다. 이후 발전소 수명 연장이 결정되면서 계획이 실행되지는 않았습니다만, 기후 변화 대응과 에너지 전환에서 참고 모델이 되고 있습니다. 한편 뉴욕주에는 오래된 석탄화력 발전소 폐쇄를 앞두고 지역 연대체인 헌틀리 얼라이언스^{Huntley Alliance}를 만듭니다. 노동조합과 환경 단체 등이 참여하여 주민들과 함께 수십 회의 마을 토론회를 가지면서 일자리와 지역 경제 전환 계획을 세우고 기금을 마련합니다. 그래서 2016년 발전소를 폐쇄하고 대안 활용 준비 단계로 들어갔어요. 그러니까, 갑자기 한 달이나 6개월 뒤에 발전소가 문을 닫는다고 하면 막막하겠지만, 5년이나 10년 뒤 폐쇄와 전환을 예상하면서 정확한 정보가 제공되고 토론의 장이 열리면 많은 아이디어와 방책이 나올 수 있습니다. 그리고 이 지역과 노동자들이 그동안 해온 수고와 희생에 대해 정부와 기업은 책임 있는 보답과 지원을 시행해야 하고요.

한국에는 미완의 전환 사례가 있습니다. 과거 탄광 산업 지대였던 강원도의 태백, 정선 그리고 경상북도 문경 등이죠.

이 지역은 일제 강점기에 개발되어 1980년대까지 활황이다가 1990년대에 들어 도시가스가 연탄과 석탄을 대체하면서 침체기에 접어들어요. 탄광이 하나둘 문을 닫으면서 지역 경제가 큰 충격을 받게 됩니다. 이에 노동조합과 사회단체가 대안을 요구해요. 환경 단체들은 처음엔 미온적이었지만 이들과 논의를 거듭했고, 결국 1995년 12월에 '폐광 지역 지원에 관한 특별법' 제정으로 열매를 맺습니다. 그러면서 정선 지역에 카지노와 리조트가 들어섰어요. 문제는 고용 효과에 비해 부작용이 너무 컸다는 거예요. 도박 중독자가 양산되고, 주거·교육 환경이 나빠집니다. 당시만 해도 정부와 노동조합, 시민 사회 모두에게 정의로운 전환 개념은 알려지지 않았고 당장 지역 사회를 살려야 한다는 절박함이 앞서 있었습니다. 하지만 앞으로는 한국에서도 더 많은 지역과 산업 전환 사례들이 발생할 것이고, 우리에게는 태백과 정선의 아쉬움을 되풀이하지 않을 모색이 필요합니다.

현재 석탄화력 발전소가 밀집한 충남 지역, 제철과 조선업 및 석유화학 산업이 다수 소재한 전남과 거제, 울산 등은 '기후 리스크'가 큰 지역입니다. 내연기관 자동차 생산과 화석 에너지와 핵발전 의존도가 큰 기업과 지역 역시 산업 전환에 대한 대비가 필요해요. 현재 정부가 마련한 '2050 탄소 중립 선언 및 추진전략2010년'과 탄소중립 녹색성장 기본법2021년에 정의로운 전환의 원칙이 일부 포함되었으나 실제 추진 방안에 대해서는 추가적인 논의가 필요한 상태입니다.

정의로운 전환은 개념이 법안에 포함되거나 예산 사업이 통과되는 것만으로 실현되지 않습니다. 산업의 다양화, 노동자와 지역 사회 지원 그리고 복원·재생, 추진 기반 조성 등을 위한 추가 입법도 필요합니다. 구체적인 전환 청사진과 함께 이를 실현할 물적 기반, 즉 정부 지원과 기금도 마련되어야 하고요. 중요한 것은 다양한 이해관계자들의 목소리를 들어야 한다는 점입니다. 화력 발전소만 해도 다양한 사람들이 여기에 종사합니다. 한국전력 발전 자회사 직원과 하청·협력 업체 노동자들, 정비, 청소, 조리 노동자 등 다양한 비정규직 노동자, 그리고 지역 주민들도 있어요.

석탄화력 발전을 재생 에너지로 바꾼다 해도 고용이 보장되는 이들이 있는가 하면 일자리 자체가 없어지는 이들이 있습니다. 예컨대 컨베이어 벨트로 석탄을 운송하고 타고 남은 재를 처리하는 사람들은 일감이 없어집니다. 이들 역시 전환의 미래에 대해 목소리를 낼 수 있어야 해요. 기업과 정부가 지역민과 소통하면서 신뢰와 희망을 다져나갈 때 정의로운 전환이 가능합니다. 우리가 앞서 살펴본 사례들을 참고로 삼

아 기후 위기 대응이라는 당면 과제 안에서 많은 희망의 이야
기들을 만들어 갔으면 합니다.

3강

법정에 선
기후 위기

김보미

김보미

법무법인(유한) 원 소속 변호사. 사단법인 선과 사단법인 올의 상임 변호사로 기후 위기 대응 소송을 수행하고, 기후·환경 단체에 법률 자문을 제공하고 있다. 서울환경연합 이사, 다시입다연구소 이사, 녹색법률센터 운영위원, 대한변호사협회 국제인권특별위원회 위원, 서울지방변호사회 인권위원회 위원, 인하대학교 법학전문대학원 환경법센터 객원 연구원으로 활동하며 기후 변화와 인권 문제에 대한 연구에도 참여하고 있다. 2023년 제21회 한국여성지도자상 젊은지도자상, 2024년 제7회 대한민국 법무대상 법률공익상을 수상했다.

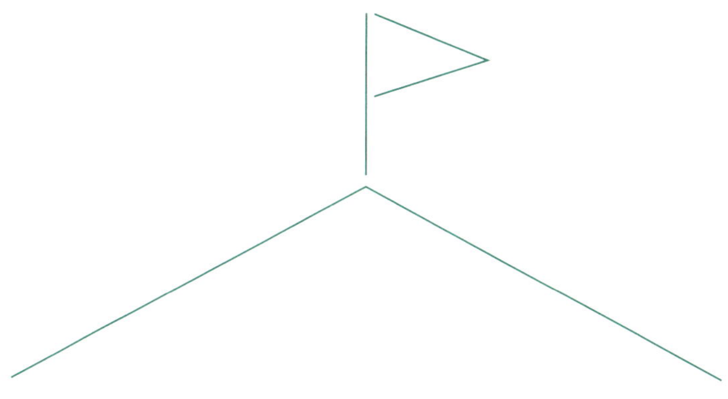

‘법정에 선 기후 위기’를 주제로 강의할 김보미입니다. 공익 전담 변호사로 기후 생태 관련 소송을 진행하거나 환경 단체의 법률 자문, 여성 인권과 이주자 관련 업무를 합니다. 강의는 기후 소송의 개요나 유형, 흐름을 간단히 말씀드린 후 국내외에서 제기된 기후 소송 사례를 소개할 예정입니다.

혹시 기후 소송에 대해 들어보신 적이 있나요? 언론에 소개된 내용이 있기는 하지만, 낯선 분도 있을 거예요. 구체적으로 기후 소송이란 “기후 변화로 인해 발생할 수 있는 피해를 방지하거나 이미 발생한 피해에 책임을 묻기 위해, 정부나 기업 등을 상대로 제기하는 다양한 형태의 법적 소송”을 말합니다. 기후 변화 소송 혹은 기후 위기 대응 소송이라고도 해요. 기후 소송은 청구 주체와 대상 등이 다양해서 한마디로 "이거다!" 하고 말하기가 어렵습니다. 지금도 그전에는 보지 못했던 형태의 소송이 계속 등장하고 있어요.

파리협약 이후 급증한 기후 소송

기후 소송은 언제 어떤 이유로 시작되었을까요? 요즘 많은 분이 기후 변화를 피부로 느끼고 있습니다. 올해 여름도 무척 더웠고, 몇 분 전까지 맑던 하늘에 갑자기 천둥이 치면서 폭우가 쏟아지는 일도 잦았어요. 역대 최고, 100년 만에 한 번, 같은 표현이 등장하는 보도를 흔하게 접할 수 있었습니다. 이처럼 이상한 날씨, 심각한 자연재해를 경험하면서 위기의식이 고조되었고, 인간의 활동이 그 원인이라는 사실에 많은 분이 공감하게 되었습니다. 이전에는 대수롭지 않게 여기던 분들도 이제는 기후 위기를 심각한 문제로 받아들이고 있어요.

그럼에도 변화는 미비하고 실천은 매우 더딥니다. 정부가 기후 위기 대응을 위한 국가적 차원의 목표를 세우고 정책을 발표하기는 하지만, 눈에 보이는 성과가 별로 없었습니다. 그러자 국회나 정부에 기후 위기 문제 해결을 맡길 수는 없다는 생각이 시민들 사이에 널리 퍼졌고, 급기야 기후 위기를 인권 문제로 보고 사법부에 소송을 제기하기에 이르게 된 거예요. 이제 기후 소송은 전 세계적인 현상입니다.

1980년부터 2024년까지 전 세계에서 제기된 기후 소송 건수는 2967건에 이릅니다. 굉장히 다양한 형태의 기후 소송이 제기되고 있으며 여기에 포함되지 않은 것들도 있기에 실제로는 더 많고 또 증가 추세에 있다고 보시면 되겠습니다.

초창기 기록을 보면 1986년 12월 시민 단체에서 미국 정부를 상대로 자동차 배출 온실가스를 규제하라는 내용의 소송이 제기됩니다. 연방고속도로교통안전국NHTSA에서 연비 기준을 완화한 데 대한 반발이었어요. 당시만 해도 온실가스나 기후 변화에 대한 의식이 부족했던 때라 원고 패소로 끝났지만 기후 변화가 법정에서 논의된 첫 번째 사례였다는 역사적 의의가 있습니다. 이후 유럽 각지에서도 기후 소송이 벌어집니다.

그러다 파리 기후 협약이 체결된 2015년 이후 엄청난 속도로 기후 소송 사례가 증가했습니다. 협약의 골자는 산업화 이전 대비 지구 평균 기온 상승을 2℃보다 상당히 낮은 수준으로 유지하고, 1.5℃ 안 넘게 하자는 내용입니다. 이를 위해 5년마다 각국이 온실가스 배출 감축 현황을 점검하고, 상향

된 감축 목표를 설정하기로 했어요. 각국 정부는 실천을 위한 국내법을 제정합니다. 한국도 2021년 탄소 중립 기본법을 제정했습니다. 국내법이 생겼다는 것은 소송의 근거가 생겼다는 뜻이기도 합니다. 이 법을 어기거나 이 법 자체의 모순으로 인해 나의 기본권이 침해되었다면, 이 문제를 법원에 가지고 갈 수 있어요. 그래서 현재는 기후 문제가 인권과 관련이 있다는 점에 많은 분이 동의하고 있는 상황이에요.

나라별로는 미국이 차지하는 비중이 압도적으로 많고, 특히 기업 관련 소송이 매우 빈번하게 제기되었습니다. 호주, 브라질 그리고 중남미 지역의 나라는 원주민 문화의 영향이 큽니다. 이들은 자연을 살아 있는 존재로 여기며 추앙합니다. 이러한 가치관이 개발 논리와 부딪치면서 소송이 빈번하게 발생하는 경우입니다. 필리핀 같은 섬나라 국가에서도 소송이 많이 제기되는데, 이곳은 자연재해가 빈번합니다. 사람들이 기후 문제에 예민하게 반응할 수밖에 없어요. 통계를 보면 2024년을 기준으로 전 세계 약 60개 국가에서 기후 소송이 진행되고 있습니다.

그렇다면 결과는 어떻게 되었을까요? 런던정치경제대학교 산하 그랜삼Grantham 기후변화환경연구소 보고서에 의하면 최근 250건을 분석했을 때 약 50%가 기후 위기 대응에 우호적인 결정이 나왔다고 합니다. 이는 2년 전의 우호적 판단 60%에 비하면 줄어든 결과예요. 반대로 부정적인 판단이 40%, 중립적인 게 10% 정도였어요. 이후로 기후 위기 운동에 저항하는 소송이 많이 등장한 결과입니다. 요약하자면, 현재 미국을 중심으로 전 세계에서 기후 소송이 크게 증가하고 있으며 그 결과는 긍정적인 것과 부정적인 것이 반반 정도라고 말씀드릴 수 있겠습니다.

기후 소송의 세 가지 양상

오늘날 기후 소송은 어떤 형태를 띠고 있을까요? 크게 세 가지로 나누어볼 수 있겠는데요. 정리하면 다음 표와 같습니다.

먼저 국가와 정부를 상대로 한 소송입니다. 보통 인권 침해 소송은 헌법 소원을 거치겠지만, 우리나라와 달리 헌법재판소가 없는 나라는 대법원에서 처리하기도 합니다. 행정 소송은 정부 기관의 위법성을 제기하는 겁니다. 예컨대 어떤 정부 부처에서 온실가스 배출을 많이 하는 사업인 신규 화력 발전소 건설을 허가해주었다면 절차상 혹은 사실상 위법성을 문

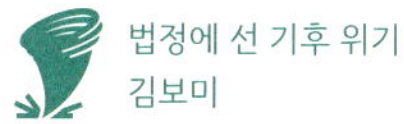

국가·정부를 상대로 한 소송	■ 인권 침해 관련 소송 ■ 헌법 소원 ■ 행정 소송 ■ 기후 적응 실패의 책임을 묻는 소송 등
기업을 상대로 한 소송	■ 손해배상을 청구(오염자 부담 소송) ■ 전환 리스크 관련 소송 ■ 그린워싱 소송
기타 유형	■ 국제 재판소에 제기된 기후 소송 ■ 기후 활동가들의 집회 시위에 관한 소송 등

제 삼아 행정 소송을 제기할 수 있습니다. 환경을 파괴하는 각종 개발, 건설 사업의 허가를 취소해달라는 소송들이 여기에 해당합니다.

기후 적응 실패 책임을 묻는 소송은 이런 겁니다. 예를 들어 폭우로 우리 집이 물에 잠겼어요. 그런데 지자체의 경고 방송이나 적절한 도로 배수 시설도 없었습니다. 이랬을 때 정부와 지자체의 대응이 미흡했고 이로 인해 피해를 보았다고 제소할 수 있어요.

두 번째는 기업을 상대로 한 소송인데요. 오염 물질 유발에 대한 책임을 묻는 사례가 가장 많습니다. 예컨대 화석 연료를 많이 써서 온실가스를 배출하는 기업을 상대로 손해 배상 청구하는 식이에요. '전환 리스크'라는 건 기업이 국제 기준에 맞추려면 온실가스 배출량을 줄이고 재생 에너지 사용 비중을 늘려야 하는데 이를 못 해서 발생하는 손해에 대해 주주들이 소송을 제기하는 식이에요. '그린워싱green washing'은 한마디로 친환경 제품인 것처럼 허위 과장 광고하는 사례를 말합니다. 소송으로 이를 따지는 거예요.

요즘은 기후 공시라고 해서 회계 공시처럼 투자자들이 볼 수 있는 기업 정보에 기후 관련 리스크를 포함해서 공개하도록 하는 제도가 있습니다. 우리나라는 아직 기업의 ESG 보고서지속 가능 보고서가 자율적으로 기업의 기후 위기 대응 능력을 공개할 수 있도록 하고 있지만, 기후 공시를 의무적으로 공개하도록 하는 나라도 있어요. 만약 공개 내용에 거짓이나 불법적인 요소가 있다면 해당 기업을 상대로 소송을 제기할 수 있습니다. 이 밖에도 국제재판소에 제소하는 사건, 환경단체의 활동가들을 상대로 제기되는 민·형사 소송 등 '기타 유형'이 있습니다. 현재 국제 기후 소송 사례를 보면 인권 위반 관련이 37%, 기업과 투자와 관련된 소송이 35%를 차지합니다. 그 외 유형이 28% 정도를 차지하고 있습니다.

이상으로 말씀드린 사례는 소송 주체나 대상은 달라도 기후 위기를 극복하려는 노력의 일환이라는 공통점이 있습니다. 그런데 이와 반대되는 소송도 상당히 많아요. 예를 들어

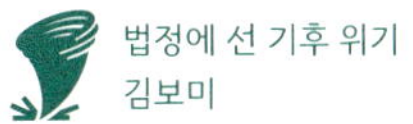

정부 규제 때문에 기업이 손해를 본다거나, 투자자가 손해를 본다는 내용의 소송이 그렇습니다. 이른바 '기후 목표와 일치하지 않는 소송'입니다. 최근 이슈가 되었던 기후 목표와 일치하지 않는 소송 네 가지를 소개하겠습니다. ①ESG 백래시 소송, ②SLAAP 소송, ③정의로운 전환 소송, ④친환경 대 친환경 소송입니다.

ESG란 환경environmental, 사회social, 지배 구조governance를 고려한 기업 경영 목표를 말합니다. 우리나라는 곧 순차적으로 지속 가능 보고서를 의무화할 예정이고, 이미 전 세계 여러 나라에서 기업에 ESG 보고서 공개, 기후 공시 등을 의무화하고 있는데, 이와 관련된 부분에서 위법하다며 소송을 거는 거예요. 일부 주 정부가 미국 증권거래위원회SEC의 기후 공시 규정이 "과도한 규제"라며 소송을 제기하고, 금융기관이 "기후 리스크"를 이유로 석유·가스 산업 투자를 줄이는 것이 "산업에 대한 차별"이라며 반카르텔 소송을 제기하는 것 등이 있습니다.

공익 참여 봉쇄 소송Strategic Lawsuit Against Public Participation, SLAAP이란 기업이 자기들을 비판하는 사람들의 입을 막으려고 제기하는 소송을 뜻합니다. 최근 2년 동안 급증했는데요. 예컨대 미국 에너지 기업 에너지트랜스퍼Energy Transfer

는 그린피스의 시위로 다코타 액세스 파이프라인^{Dakota Access} ^{Pipeline} 건설이 지연되고, 협력사의 명예를 훼손시키는 등 큰 손해를 보았다며 그린피스를 상대로 손해 배상을 제기합니다. 여기에 대해 2025년 3월 미국 노스다코타주 법원은 그린피스에 약 6억 6000만 달러^{한화 약 9670억 원}를 배상하라는 판결을 내려요. 이처럼 기업이나 정부가 환경운동을 막으려고 엄청난 금액을 개인에게 청구하는 사례가 늘고 있습니다.

'정의로운 전환' 관련 소송도 있습니다. 예컨대 석탄화력 발전소를 폐쇄하면 일자리를 잃는 사람이 생기잖아요. 이분들이 발전소 폐쇄가 부당하다고 소송을 거는 겁니다. '친환경 대 친환경 소송'은 기후 위기를 해결하는 데에서 오는 부작용을 막으려는 소송입니다. 예컨대 풍력 발전소를 짓기로 했는데 그 지역에 중요한 해양 생태계가 있거나, 태양광 발전소 건설 때문에 산림을 훼손하는 경우예요.

이상이 바로 기후 위기 목표와는 상충하는 소송 사례들이라고 할 수 있겠습니다. 그러면 구체적인 소송 사례를 하나하나 짚어보겠습니다.

우르헨다 사건
-기후 위기는 기본권 침해인가?

먼저 네덜란드의 우르헨다^{Urgenda} 사건입니다. 2007년에 기후 변화에 관한 정부 간 협의체^{IPCC}에서 선진국은 2020년까지 25~40% 온실가스를 감축하도록 권고했어요. 이에 네덜란드 정부는 2007~2009년 정부 보고서에서 2020년까지 온실가스를 30% 감축하겠다는 목표를 밝힙니다. 하지만 별도로 법을 제정하지는 않았어요. 그러다가 2015년 파리협약 이후 제정한 배출권 거래제 법률 안에 2020년까지 14~17% 온실가스를 감축하겠다는 내용을 포함시켰어요. 그전보다 후퇴한 겁니다.

그러자 환경 단체인 우르헨다^{Urgenda}가 환경부 장관에게 온실가스 감축 목표를 상향하라고 요구하며 정부에 정책적 조치를 요구하는 공개 서한·정책 청구 절차를 진행했고 그럼에도 환경부 장관이 조치를 취하지 않자 온라인 토론을 열어 기후 변화 문제를 계속 정치인에게 맡길지를 논의합니다. 이후, 우르헨다는 "국가는 국민을 보호할 의무가 있다"라는 법리 아래 소송을 시작하게 되었습니다. 정부의 불충분한 온실가스 감축 계획 때문에 국민과 미래 세대의 권리가 침해

되었다는 주장을 펼칩니다. 피고가 된 정부는 2020년까지는 14~17%를 목표로 하지만 그 후 30년부터는 40%, 50년까지는 80~95%를 줄일 것이며, 결국은 넷제로를 목표로 하겠다고 합니다. 또한 네덜란드의 온실가스 배출량은 전 세계 배출량의 0.5%만 차지할 뿐이라고 변명하면서, 행정부의 정책을 사법부 판단에 맡기는 것 자체가 삼권 분립 위반이라고 주장합니다.

법원은 먼저 해당 내용이 기본권 침해에 관한 것인지 판단해야 했습니다. 그래야 국가가 기후 변화 상황에서, 국민을 보호할 의무가 있는지 여부를 결정할 수 있으니까요. 그래서 법률적으로 검토해보니, 유럽 인권 협약에서 국가가 자국민을 보호해야 한다는 의무 조항이 있습니다. 네덜란드는 유럽연합 국가로 유럽인권협약ECHR의 당사국이기 때문에 이 협약의 구속을 받고, 따라서 정부는 환경 피해로부터 국민을 보호할 의무가 있다는 결론에 이릅니다. 그렇다면 이러한 의무를 위반했느냐를 판단해야겠죠. 전혀 예상하지 못하거나 노력해도 막을 수 없는 상황에 대하여 의무 위반의 책임을 지울 수는 없잖아요.

이에 네덜란드 법원은 기후 변화가 국민에게 직접적이고 심각한 피해를 발생시킨다고 판단합니다. 그리고 정부는

2007년 보고서에서도 나왔듯이 그 위험성을 인지하고 있었다고 봤어요. 게다가 2007년경 정부보고서에서는 2020년까지 온실가스 배출의 30%를 감축하겠다는 계획을 내놓은 것으로 보아 실행이 가능했던 것으로 봅니다. 이를 바탕으로 네덜란드 정부가 기후 변화에 대응해야 할 법적 의무를 위반했다고 결론 내렸어요. 여기서 중요한 내용이 다음 세 가지예요.

첫째로 법원은 현재보다 미래에 더 많이 줄이겠다는 계획은 미래 세대에게 더 큰 부담을 지운다고 판단합니다. 두 번째로 전 세계 배출량의 0.5%밖에 안 된다는 정부의 변명을 인정하지 않아요. 그건 의무 불이행이라는 불법성과는 상관없다는 거죠. 세 번째로 삼권 분립과 관련한 정부 측 주장에 대해서는요, 정부의 의무 위반 여부에 대해서만 판단한 것이기 때문에 위배되지 않는다고 판단해요. 그러면서 네덜란드 정부는 2020년까지 감축 목표를 최소 25%로 올려야 한다고 판결해요. 그렇게 1, 2심과 대법원 3심까지 승소합니다.

2015년 1심 승소 이후 2017년까지 네덜란드 정부는 10개이던 석탄화력 발전소 중 절반을 폐쇄합니다. 나머지도 2030년까지 폐쇄하기로 해요. 2050년까지 모든 에너지를 지속 가능한 에너지로 대체한다는 목표 아래 에너지 효율을 높이고,

각종 에너지 보조금 지급 정책을 펼칩니다. 결국 2020년에 25.5% 감축에 성공했어요. 현재는 2030년까지 49%, 2050년까지 95% 감축을 목표로 하고 있습니다. 기후 소송이 긍정적인 효과를 가져온 매우 모범적인 사례예요.

깨끗한 환경을 유지할 의무

다음은 독일 연방헌법재판소의 기후 소송 사건입니다. 우르헨다 사건 이후에 독일과 미국 그리고 한국에서 헌법 소원이 제기됩니다. 그중에 독일이 제일 먼저 결과가 나왔어요. 독일은 2019년 독일 연방 기후 보호법이 제정되었습니다. 2050 탄소 중립을 목표로 2030년까지 온실가스 배출을 55% 감축하겠다는 내용이 포함되어 있어요. 이에 독일 청소년들이 소송을 제기했어요. 온실가스 배출량 감축 목표를 2030년 이후로 과도하게 미루는 행위는 미래 세대에게 탄소 예산을 소비할 권리를 불평등하게 분배하고, 자유권을 포괄적으로 제한해서 기본권을 침해한다고 주장했습니다. 기성세대들이 배출 가능한 탄소량을 독점하면서 미래 세대가 피해를 본다는 이야기입니다. 독일 정부도 입법 형성권, 정책 재량, 국제 협력 구조 등을 중심으로 네덜란드와 비슷하게 주장합니다. 그러나 법원의 판단은 현행 기후보호법에 "2031년 이후 온실가스 감축 목표를 설정하지 않은 것이 국민의 기본권, 특히 미래 세대의 자유를 침해했다"고 판단해요. 이후 연방 기후보호법은 개정됩니다.

다음은 2020년 미국 몬태나주에서 있은 기후 소송입니다. 이 지역은 석탄과 천연가스가 많이 나는 지역으로 정유 공장, 탄광 등의 시설물이 밀집해 있습니다. 미국 전체 석탄 매장량의 30%가 있으며 석탄화력 발전으로 에너지의 3분의 1가량을 얻는 지역이에요. 2020년에 이 지역 청소년들이 소송을 제기했습니다. 몬태나주가 화력 발전소 사업 승인 심사에서 온실가스 배출량 조사 항목을 제외하는 정책을 통과시켰기 때문이에요. 면죄부를 준 거나 다름없었습니다. 당시 몬태나주는 산불과 홍수 등 기후 재난이 빈번한 지역이기도 했습니다.

원고 측은 주 정부가 주 헌법에 명시된 깨끗하고 건강한 환경 유지와 개선 의무를 지키지 않았다고 주장합니다. 증인으로 수많은 과학자가 참여했죠. 온실가스 배출량 증가가 기후 변화에 어떤 영향을 주는지, 기후 변화가 우리 건강과 환경에 미치는 영향이 어떠한지 등을 설명했습니다.

2023년 법원은 화석 연료 정책을 승인할 때 온실가스 배출량을 조사하지 않는 것은 주민들의 헌법상 권리를 침해하는 것이라고 판단했습니다. 판결문에 보면 온실가스 영향 평가를 금지한 조항이 깨끗하고 건강한 환경에 대한 시민의 권리를 보장하는 주 헌법 조항을 위반했다는 내용이 나옵니다.

1999년 10월 미국 매사추세츠주 등 여러 주 정부는 연방 정부의 환경보호청EPA에 온실가스를 대기 오염 물질로 규제해줄 것을 요청했습니다. 그런데 환경보호청은 자기들에게는 그럴 권한이 없다며 거부해요. 그러자 매사추세츠주가 중심이 되어 여러 환경 단체와 함께 소송을 제기했습니다. 원고 측인 매사추세츠 주 정부는 기후 변화가 해수면 상승을 야기하고, 자연재해를 발생시키는 등 피해를 주고 있다고 주장했습니다. 그러면서 연방 정부 청정 대기법Clean Air Act, CAA에 의거해 온실가스를 대기 오염 물질로 규제해달라고 요청해요.

1심과 2심에서는 원고가 패소했습니다. 그러다 2007년 연방 대법원의 3심에서 승소 판결을 받아요. 5대 4의 근소한 차이로 나온 판결이었어요. 당시 쟁점 중 하나가 주 정부의 원고 자격이었는데 당시 기후 재난으로 매사추세츠주가 피해를 받았으니 소를 제기할 수 있다고 본 겁니다. 또한 온실가스가 청정 대기법이 정한 대기 오염 물질에 해당한다고 판단해요. 연방 정부 환경보호청의 규제 권한에 대해서는 규제할 의무가 있다고 판단합니다. 권한도 있고 의무도 있다는 거예요. 그러면서 이를 거부하려면 기후 변화가 유해하지 않다는 과학적인 근거를 대라고 말합니다. 입증 책임이 환경보호청에 있다는 거죠.

이 판결이 굉장히 큰 의미가 있는데요. 기후 위기에 입법부나 행정부가 적극적으로 대응하지 않을 때 사법부가 이를 강제할 수 있다는 사실을 전 세계에 보여준 사건입니다.

기업의 환경권 침해에 관한 법원의 판단

다음은 기업을 상대로 한 소송 사례입니다.

우르헨다 사건 이후 시민들은 온실가스를 많이 배출하는 기업으로 시선을 돌립니다. 2019년에 네덜란드 환경 단체 밀리외데펜시Milieudefensie 등 7개 단체와 시민 1만 7000명의 지지 서명자들 중 일부가 다국적 에너지 기업 셸을 상대로 소송을 제기합니다. 셸은 석유 기업으로 엄청난 양의 온실가스를 배출합니다. 이에 원고들은 셸의 탄소 감축 조치가 불충분하며 이들의 투자 확대가 네덜란드 국민의 인권을 침해한다고 주장합니다. 네덜란드 민법 제6권 162조의 불법 행위 규정과 인권 원칙을 근거로 기후 변화를 방지할 주의 의무를 위반했고, 유럽 인권조약이 규정한 생명권과 사생활을 존중받을 권리를 침해한다는 내용으로 소송을 제기해요. 생명권은 그렇다 치고 사생활 존중은 뭘까요?

기후 재난 때문에 개인 생활을 위협받을 수 있다는 걸 이렇게 표현한 겁니다. 우리로 치면 포괄적 자유권 정도에 해당해요. 그리고 2021년 5월 네덜란드 헤이그 지방법원은 시민들의 손을 들어줍니다. 셸은 OECD 가이드라인이나 유엔 기업 인권 이행 지침 및 유럽 인권조약에 따라서 온실가스 감축 책임이 있다고 봅니다. 그러면서 2030년까지 탄소 배출량을 45% 감축하라고 명령합니다. 이러한 판단이 셸의 사업에 타격을 줄 수 있겠지만 기후 위기가 그보다 중요하다고 말해요. 그러나 이후 2심 판결에서 뒤집혀요. 석유 기업에 탄소 배출을 줄여야 할 주의 의무가 있는 것은 맞지만 감축 명령은 법원의 권한 밖이라고 판단해요. 45% 감축 명령의 과학적인 근거가 부족하다는 이유로 항소가 인용됩니다.

다음은 가장 최근에 결과가 나온 사건입니다. 페루의 한 농부가 독일 회사를 상대로 소송을 제기해요. 원고인 리우야는 페루에서 농사를 지으며 여행 가이드 일을 병행하는 사람이었습니다. 가족은 대대손손 안데스산맥 고원 지대에 있는 빙

하 호수인 팔카코차 아래 지역에서 살았어요. 그런데 지구 온난화로 빙하가 녹으면서 생계를 위협받습니다. 40년 사이에 호수 부피가 30배 상승하고, 수위가 8배나 높아져요. 리우야 씨가 사는 곳도 물에 잠길 위험에 처한 겁니다. 이에 독일 다국적 에너지 기업인 RWE를 상대로 소송을 제기해요. 이 회사는 산업 혁명 당시부터 온실가스를 배출해온 회사입니다.

원고 측 주장은 소박해요. 그동안 대규모로 온실가스를 배출한 기업과 정부는 기후 재난으로 피해를 보는 가난한 나라

기후 위기를 걱정하는 당신을 위한
기후 학교

를 지원할 책임이 있다고 주장합니다. 그러면서 호수 물이 넘칠 때를 대비한 조기 경보 시스템 건설 비용의 0.47%에 해당하는 금액을 RWE에 청구합니다. 1만 7000유로 수준^{우리 돈 약 2200만~2700만 원}의 청구였습니다. 이는 산업 혁명 때부터 소송 제기 시점까지 RWE가 배출한 온실가스량이 전체 온실가스량에서 차지하는 비중인 0.47%인 데서 온 금액입니다.

그러면 피고 측은 어떻게 반론을 제기했을까요. 복잡한 탄소 배출원 중 RWE가 차지하는 원인이 원고의 피해 발생과 인과 관계에 있음을 입증할 수 없다고 주장합니다. 자기들만 배출한 게 아니라는 거예요. 또 하나는 호수의 저수량 증가가 정치의 영역이지 민사 책임을 적용할 부분은 아니라는 주장입니다. 산업 혁명 이래 발생한 온실가스가 안데스산맥의 얼음을 녹이게 된 문제는 국가 간 정치적인 차원에서 해결해야 할 문제라는 겁니다. 그러면서 이는 독일 민법 1004조의 요건을 충족시키지 못했다고 주장합니다. 독일 민법 1004조는 '방해 제거 청구권^{침해 예방 청구}', 불법 행위는 823조와 관련이 있고 리우야 사건은 주로 1004조와 823조를 함께 논점으로 다루고 있는데, 독일 민법 상 불법 행위 손해 배상 청구권이 성립하려면 세 가지 요건이 필요해요. 불법 행위로 인한 손해가 있어야 하고, 손해 발생과 불법 행위 사이에 인과 관계가 있어야 하며, 손해 발생 행위의 위법성이 인정되어야 합니다.

2015년에 제기된 이 소송은 이듬해인 2016년에 1심에서 원고 패소가 결정됩니다. 그리고 2017년에 고등법원에서 본안이 회부돼요. 현장 검증을 준비하는데 그만 코로나19 팬데믹 사태가 터집니다. 그래서 3년을 쉬고 재판부가 현장 검증을 합니다. 호수 수위가 얼마나 올라갔지? 온실가스 배출이 어떤 영향을 주고 있지? 리우야 씨가 입은 피해는 어느 정도지? 이런 것들을 보러 판사들이 비행기를 타고 페루로 날아가요. 하지만 2025년 5월 2심에서도 리우야 씨는 패소합니다. '개별 기업의 배출량과 특정 기후 피해 사이의 구체적 인과 관계 부족'이 핵심 사유로 명시된 판결이 내려져요.

국제 법원에 제기된 소송과 그 결과들

지금까지 국가·정부 그리고 기업을 상대로 한 소송을 살펴보았습니다. 다음은 기타 유형 중 국제재판소에서 진행했던 기후 소송을 살펴보겠습니다. 먼저 소개할 것은 유럽인권재판소의 스위스 시니어 기후 소송 사건입니다. 이번 사례는 64세 이상 스위스 여성 2000여 명이 모인 단체 클리마제니

오리넨 KlimaSeniorinnen이 원고로 참여한 소송이에요. 보통 기후 위기는 미래 세대에게 더욱 민감한 문제로 알려졌는데요. 실제로는 나이 많은 여성이 기후 위기로 큰 피해를 보고 있는 것도 현실입니다.

이에 2020년 11월, 기후 보호를 위한 노인 여성 클럽 모임 회원들이 스위스 정부를 상대로 소송을 제기합니다. 스위스 정부가 기후 위기 대응에 소홀해서 취약한 노인들의 인권이 침해받는다는 내용이었어요. 처음에는 자국 법원에 제기했다가 패소한 후에 다시 유럽인권재판소에 제소합니다. 할머니들은 병원 진료 기록 등을 증거로 제출합니다. 피고가 된 스위스 정부는 이미 충분히 대응 정책을 실행하고 있으며, 자국 법원에서 승소한 바 있다고 주장합니다. 그러나 유럽인권재판소의 판단은 달랐어요.

2024년 4월, 국제 법원 최초로 기후 위기 부실 대응은 인권 침해라고 판결합니다. 그러면서 원고 단체에에게 8만 유로, 우리 돈으로 치면 약 1억 원을 지급하라고 명령해요. 판결 내용을 보면, 스위스 정부가 기후 위기 대응에 실패한 점을 지적합니다. 탄소 예산은 책정하지 않았고, 감축 목표를 제대로 세우지 않았다는 점을 인정합니다. 2022년 여름, 유럽에서 폭염 사태로 사망한 사람이 6만 명이 넘었을 때 그중 여성이 남성보다 63% 더 많이 사망하고, 80세 이상 여성 사망률이 27% 더 높았다며 원고 측 주장이 맞다고 판결합니다. 유럽인 권재판소의 판결은 체결국인 46개 유럽 국가에 동일한 법적 구속력을 가져요. 그만큼 의미가 큰 사건이었습니다.

다음은 국제해양재판소 사례입니다. 국제해양재판소는 해양 관련 국제 분쟁을 해결하는 중요한 국제재판소입니다. 청구인은 소도서국 기후변화국제법위원회Commission of Small Island States on Climate Change and International Law, COSIS였습니다. 바하마, 팔라우, 투발루, 바누아투 등 지구 온난화로 해수면이 상승하면서 점점 물에 잠기고 있는 나라 아홉 곳이 모여 국제해양재판소에 도움을 요청한 것입니다. 해양 온난화, 해양 산성화, 해수면 상승 등 인위적인 온실가스 배출로 인한 기후 문제와 관련해서 유엔 해양법 협약 당사국이 가지는 구체적 의무가 뭔지 밝혀달라는 내용의 청구예요. 국제해양재판소의 재판 결과는 구속력이 없으며 권고 형식으로 나옵니다. 일종의 지침을 정해주는 거예요. 선진국의 온실가스 감축을 압박하는 효과가 있습니다.

그래서 2022년 12월 12일 위원회가 국제해양재판소에 권고적 의견을 요청합니다. 재판소는 다음날인 13일 유엔 해양법 당사국169개국에 서면 의견서 제출을 요구합니다. 이에 우리나라를 포함해서 34개국과 7개의 국제기구가 의견서를 내죠. 청문회에도 참여해서 온실가스 배출 감축과 해양 오염 대처 계획과 실행 과정 등을 설명합니다. 그리고 마침내 2024년 5월에 만장일치로 의견서가 채택돼요. 판결 내용의 요지는 다음과 같습니다.

> 1) 온실가스는 해양 환경 오염에 영향을 미친다.
>
> 2) 유엔 해양법 협약에 따라 당사국은 온실가스로 인한 해양 오염을 예방, 감소, 통제하기 위해 필요한 모든 조치를 취하고, 국제기구를 통해 협력하며, 관련 법률과 정책을 조정하고 시행할 의무가 있다.
>
> 3) 특히 당사국은 지구 온도 상승을 산업화 이전 수준 대비 1.5℃ 이내로 제한하도록 노력해야 한다.
>
> 4) 유엔 해양법 협약 당사국은 개발 도상국, 특히 해양 환경 오염의 영향에 취약한 개발 도상국을 재정적·기술적으로 지원할 의무가 있다.

이 사건은 파리 기후 협약에 직접적으로 규정하지 않은 해양 관련 내용을 보완했다는 차원에서 의미가 있습니다. 앞으로 온실가스 배출과 해양 생태계 관련된 소송에서 기준이 될 것으로 보입니다.

다음으로 살펴볼 것은 미주인권재판소[IACHR]의 권고적 의견입니다. 2023년 1월 남아메리카와 카리브해 지역 등에 있는 기후 위기에 취약한 국가들이 미주인권재판소에 국제법적 해석을 요청한 사건이에요.

청구 사유는 첫째, 기후 위기가 생명, 건강, 물, 주거, 문화 등 인권에 미치는 영향에 대한 국가의 의무는 무엇인가? 둘째, 가장 취약한 사람들[예: 원주민, 농촌 지역 주민, 아동 등]에 대해 어떤 특별한 보호 의무가 있는가? 하는 것입니다. 법적인 구속력은 없어도 지침이나 기준을 알려달라는 의미에요.

이에 재판소는 여러 내용을 권고하는데요. 핵심은 국가의 기후 위기에 대응할 의무 그리고 현존하는 인간과 미래 세대를 보호해야 할 법적인 의무, 특히 기후 위기에 취약한 사람을 보호할 의무가 인정된다는 것이었습니다. 또한 기업의 책임도 강조해요. 기업 역시 기후 변화와 인권에 연관된 책임을 지며, 국가는 기업의 그린워싱 및 정책 결정 개입을 방지하기 위한 법적 장치를 마련하도록 권고합니다. 구체적으로는 전기차 생산에 필요한 광물 채굴 시에 지역 주민의 인권 침해가 발생하면 안 된다는 내용을 작성합니다. 보통 전기 차 하면 탄소 배출을 안 하는 친환경 자동차로 알고 있는데요. 이걸 만들려면 희귀 광물이 필요해요. 칠레, 페루, 볼리비아 등 남미 국가가 주요 산지입니다. 광물 채굴 과정에서 지역의 환경이 파괴되고 주민들의 노동권이 침해됩니다. 이에 공정한 전환도 인권을 지키면서 하라고 권고합니다.

외국 사례 중 마지막으로 소개할 것은 국제사법재판소[ICJ]의 권고적 의견입니다. 비교적 최근에 나온 사례인데요. 2025년 7월 23일 기후 위기 대응은 모든 국가의 의무라며 이를 어기면 국제법 위반이라는 의견이 나옵니다. 이는 국가 간 소송 가능성을 열어놓은 결론으로 우리 언론에도 꽤 많이 소개되었어요.

국제사법재판소는 유엔의 최고 사법 기관이라고 보시면 돼요. 그만큼 권위가 있습니다. 개별 국가에 대해 구속력이 없으나 사실상 국제 관행에 강한 영향력을 가지고 있습니다. 전 세계적으로 기후 소송이 많아지는 와중에 국제사법재판소가 처음으로 여기에 대한 지침을 마련한 것입니다. 2023년 4월 시작한 이 절차는 바누아투 등 소도서국과 97개국의 국제기구, 시민 사회, 청년 운동가들이 참여합니다. 제기한 질문은 두 가지였어요.

하나는 "국제법에 따라 국가가 인위적인 온실가스 배출로부터 기후 시스템 및 다른 환경 요소의 보호와 관련하여 다른 국가 및 현재와 미래 세대를 위하여 부담하는 의무가 무엇인가?" 그다음이 "국가가 작위 또는 부작위를 통하여 기후 시스템 및 다른 환경 요소에 대한 중대한 피해를 야기하였을 때 위 의무와 관련하여 각 당사자에 대해 발생하는 법적 결과는 무엇인가?"였어요.

여기에 대해 국제사법재판소는 국가는 온실가스 배출을 저감하고 기후 변화에 적응하기 위한 조치를 취해야 할 의무가 있다고 판단합니다. 두 번째 질의에 대해서는 원상회복, 보상, 만족을 통한 피해 국가에 대한 완전한 배상 책임이 있다고 판단합니다. 이게 무슨 뜻일까요? 만약 해수면 상승으로 위기에 처한 소 도서국이 우리에게 책임을 물었을 때 우리나라의 작위 또는 부작위로 인한 기후 변화 영향 혹은 환경 피해 사이 인과 관계가 인정된다면 피해를 보상하고, 배상 책임을 져야한다는 뜻입니다. 한국은 오늘날 온실가스 배출 세계 10위권 안팍으로 1인당 배출량은 G20 국가 중 1~2위를 다투는 수준의 온실가스 다배출 국가입니다. 선제적인 대응이 필요한 지점입니다.

이상으로 해외 사례와 국제재판소 사례를 살펴보았는데요. 다음으로 국내 사례를 보도록 하겠습니다. 그동안 우리나라에서는 어떤 기후 소송이 있었을까요?

한국 헌법재판소의 두 가지 판단 기준

2010년에 대한민국 정부도 저탄소 녹색 성장 기본법을 제정했습니다. 2030년까지 온실가스 배출 감축 목표를 설정했지만, 이것이 충분하지 않다는 지적과 함께 국민 기본권을 충분히 보호하지 못한다는 문제의식이 있었어요. 정부나 입법부가 미온한 대응을 하고 있다는 데 공감한 시민들이 소송을 제기했습니다. 2020년 3월에 청소년기후행동에서 헌법 소원을 냈습니다.

2021년에는 기후위기비상행동과 녹색당 등이 기후 헌법 소원을 제기해요. 이듬해인 2022년에는 5세 이하 어린이, 영·유아를 포함하는 아기 기후 소송이 제기되죠. 2023년에도 다양한 기후 소송이 있었습니다. 특히 '아기 기후 소송'에서는 아직 태어나지 않은 태아들도 소송 주체로 포함되었습니다. 우리 법에서 태아는 특정한 경우를 제외하고는 원칙적으로 권리 능력자가 아니지만, 미래 세대의 권리를 강조하기 위해 상징적으로 태아가 청구인으로 포함된 사건이었습니다. 여기에 대한 판결이 2024년에 나왔는데, 그때는 아이들이 태어나서 유아차를 타고 헌법재판소 앞 기자 회견에 참여했던 기억이 있습니다.

이들 소송에서 청구인들은 어떤 주장을 폈을까요? 바로 대한민국 정부의 탄소 감축 목표가 불충분하다는 것입니다. 기후 변화에 따른 피해와 미래 세대의 부담을 방지하지 못하기에 기본권을 침해한다는 게 핵심이에요. 앞서 네덜란드의 우르헨다나 독일, 미국 몬태나주 사례와 비슷하죠. 인권을 기반으로 한 정부 상대 헌법 소원이었습니다.

2020년 3월 청소년기후행동이 제시한 소송은 시간이 꽤 걸렸어요. 그 과정에서 국가인권위원회는 기후 위기는 다양한 인권을 침해하는 문제이고, 청구 대상 법률 조항이 헌법에 반하여 기본권을 침해한다는 취지의 권고 의견서를 헌법재판소에 제출하기도 했습니다. 우리 법원은 네 사건을 하나로 병합하여 심리하였는데, 네 사건의 청구 취지를 정리하면 다음과 같습니다.

1. 탄소 중립 기본법 제8조는 헌법에 위반된다.

2. 탄소 중립 기본법 시행령 제3조 제1항은 헌법에 위반된다.

3. 탄소 중립 기본법이 2031년 이후 2050년까지의 기간에 대한 온실가스 감축 목표를 법률로 정하지 않은 것은 헌법에 위반된다.

4. 정부의 2023년 4월 10일자 제1차 국가 탄소중립 녹색성장 기

본계획은 헌법에 위반된다.

5. 대통령이 2016년 5월 24일자 저탄소 녹색성장 기본법 시행령 개정을 통해서 구舊 저탄소 녹색성장 기본법 시행령 제25조 제1항으로 정한 '2020년 온실가스 감축 목표'를 폐지한 행위는 헌법에 위반된다.

6. 저탄소 녹색성장 기본법 제42조 제1항 제1호는 헌법에 위반된다

7. 저탄소 녹색성장 기본법 시행령 제25조 제1항은 헌법에 위반된다.

여기에는 앞서 말씀드린 독일 헌법재판소의 결정과 유사한 논리 구조가 포함되어 있어요. 문제가 된 탄소 중립 기본법 8조 내용을 보겠습니다.

제8조(중장기 국가 온실가스 감축 목표 등)

① 정부는 국가 온실가스 배출량을 2030년까지 2018년의 국가 온실가스 배출량 대비 35퍼센트 이상의 범위에서 대통령령으로 정하는 비율만큼 감축하는 것을 중장기 국가 온실가스 감축 목표(이하 "중장기 감축 목표"라 한다)로 한다.

② 정부는 중장기 감축 목표를 달성하기 위하여 산업, 건물, 수송,

발전, 폐기물 등 부문별 온실가스 감축 목표(이하 "부문별 감축 목표"라 한다)를 설정하여야 한다.

③ 정부는 중장기 감축 목표와 부문별 감축 목표의 달성을 위하여 국가 전체와 각 부문에 대한 연도별 온실가스 감축 목표(이하 "연도별 감축 목표"라 한다)를 설정하여야 한다.

④ 정부는 파리협약(이하 "협정"이라 한다) 등 국내외 여건을 고려하여 중장기 감축 목표, 부문별 감축 목표 및 연도별 감축 목표(이하 "중장기 감축 목표 등"이라 한다)를 5년마다 재검토하고 필요할 경우 협정 제4조의 진전의 원칙에 따라 이를 변경하거나 새로 설정하여야 한다. 다만, 사회적·기술적 여건의 변화 등에 따라 필요한 경우에는 5년이 경과하기 이전에 변경하거나 새로 설정할 수 있다.

가장 중심적으로 살펴본 쟁점은 탄소 중립 기본법 제8조가 침해하는 기본권이 무엇이냐, 이를 심사할 기준은 무엇이냐 하는 것과 2030년 목표인 40%가 부족한지 여부, 31년 이후 목표의 부재가 문제가 되는지 등이었어요.

우리 헌법재판소는 청구인이 여러 기본권을 주장했을 때 사건에서 가장 핵심적이고 대표적인 기본권을 중심으로 심사합니다. 이 사건에서는 청구인들이 침해된 기본권으로 주장한 여러 권리 중 헌법 제35조 환경권을 중심으로 이 사건을 판단하였습니다. 헌법 제35조는 모든 국민이 건강하고 쾌적한 환경에서 생활할 권리를 보장하고, 국가와 국민이 환경 보전을 위해 노력해야 함을 명시하고 있습니다.

그렇다면 이 사건에서 기본권 침해를 판단하는 기준은 무엇이었을까요?

첫 번째는 바로 '과소보호 금지 원칙'입니다. 입법 의무가 있는데 안 했거나 기본권 보호를 위한 조치를 거의 하지 않은 것과 유사한 수준으로 하였다면 과소보호 금지 원칙에 반한 것으로 위헌인 겁니다. 헌법재판소는, 국가가 기본권 보호 의무를 입법자 또는 집행자에게 어떻게 실현하여야 할 것인가의 문제는 원칙적으로 민주적인 정당성을 가진 입법자 또는 집행자의 책임에 속한다고 봅니다. 법을 만드는 국회의원이 해결하여야 하는 것이고, 헌법재판소는 제한적으로 보호 의무 이행 여부의 최소한을 심사할 수 있다는 뜻이에요. 이때 적용되는 기준이 바로 과소보호 금지 원칙입니다.

두 번째가 '법률 유보 원칙'입니다. 국회가 제정한 형식적인 법률에 근거해서 헌법을 수호하고 기본권을 보호해야 한다는 거예요. 국민 기본권과 관련된 사항은 대통령령이나 시행 규칙이나 환경부 장관 규칙, 이런 걸로 정하면 안 돼요. 반드시 법률로 정하라는 이야기입니다.

기후 위기 소송의 결과와 의미

첫 번째로 탄소 중립 기본법 제8조에서 1항, 즉 2030년까지 35% 감축 목표를 설정한 것이 최소한의 기본권 보호 의무를 실행하지 않은 것이냐에 대한 판단입니다. 헌법재판소는 정부가 탄소 중립 기본법에서 35% 감축 목표를 설정하고 시행령을 통해 40%로 한 것이 최소한의 의무를 이행하지 않은 것은 아니라고 판단합니다. 기업이 실행할 수 있는지, 우리의 에너지 전환 인프라는 어느 정도인지, 과학 기술은 얼마나 발전했는지, 국민감정은 어떤지, 입법이 어떻게 진행됐는지, 사회적인 합의가 얼마나 됐는지, 같은 사항들을 종합적으로 고려했을 때 법률이 최소한의 보호 의무를 다하지 않은 것은 아니라는 거예요.

두 번째로 법률 유보 원칙을 놓고 보았을 때도 최소한의 감축 목표를 법률로 정해두었기에 여기에 반하지 않는다고 판단합니다. 대통령령에 위임하여 40% 감축안을 설정한 것이 인권을 침해하지 않는다고 봐요.

다만, 2031년 이후의 목표가 없는 부분만 과소보호 금지 원칙에 반한다고 판단하였습니다. 구체적으로 보시면, 2050년까지 탄소 중립을 이루려면 점진적이고 지속적인 감축이 필요한데, 중장기 목표를 설정하지 않았으므로 미래 세대에게 과중한 부담을 준다고 지적합니다. 그러면서 최소한의 성격을 갖추지 못하여 과소보호 금지 원칙에 반하며 위헌에 해당한다고 판단합니다. 또한 2031년 이후의 목표는 기본권과 관련되어 있는데, 법률로 정하지 않았으니 법률 유보 원칙에도 반한다고 판단해요. 정리하자면, 2031년 이후 목표치를 정하지 않은 지금의 법률에 문제가 있으니 수정하라는 뜻입니다.

헌법재판소는 감축 목표 미달성 시의 규율이 부재한 것이 과소보호 금지 원칙에 반하는지 여부에 대해서도 언급합니다. 계획만 세워놓고 지키지 않았을 때 어떻게 할지가 안 나와 있으니 문제가 아니냐는 거였죠. 여기에 대해 헌법재판소는 위헌은 아니라고 결론지어요. 파리협약에 따라서 5년에 한 번씩 NDC를 내고 있다는 점, 탄소중립 녹색성장위원회 연도별 목표 이행 현황과 기본계획을 매년 점검하고 공개하고 있다는 점을 들어 최소한의 의무를 저버린 것은 아니라고 봅니다. 또한 배출권 거래제가 실효적으로 한국의 온실가스 감축을 돕고 있다는 점과 규율 없음이 기본권 침해인지는 정치적 판단의 영역이기에 헌법재판소가 판단하기 어렵다고 말합니다.

또 문제가 됐었던 것이 감축 경로 부분인데요. 앞서 다른 나라에서 제기된 소송을 보면, 청구인들이 2020년까지 탄소 배출량을 높게 잡아 이후에 쓸 탄소량이 줄어드는 게 기본권 침해라고 주장하잖아요. 한국도 마찬가지 상황이거든요. 이에 감축 경로를 바꿔야 한다는 주장이 있습니다. 여기에 대해 법원은 ’단시간에 많이 감축하고 나중에 천천히 감축하는 것이 이상적이다. 그러나 에너지 전환을 하면 물가가 상승한다. 국민 경제 등을 고려했을 때 그렇게 하는 것이 어렵다. 나중에 탄소 포집 기술 등 과학 기술이 발전하면 많은 온실가스를 감축할 수 있을 수 있다. 이러한 내용들을 고려했을 때 현재 대한민국의 감축 경로는 과소보호 금지 원칙에 위반하는 것은 아니다’라고 판단해요.

우리 법이 규정한 배출량 목표치 산정 방식도 쟁점이었습니다. 탄소 중립 기본법 제8조 1항을 보면 정부는 2030년까지 2018년 온실가스 배출량 대비 대통령령으로 정하는 비율만큼 감축하는 것을 목표로 하는데요. 문제는 2018년 배출량은 총배출량 기준으로 하지만, 해당 배출량 대비 40%만큼 감축한 2030년의 국가 온실가스 배출량 목표는 순배출량 기준이라는 점입니다. 두 개가 측정 방식이 서로 달라요.

총배출량은 우리나라에서 배출하는 전체 온실가스량입니

다. 순배출량은 자연적으로 흡수되는 양을 제외한 수치예요. 우리나라에 숲이 많잖아요. 갯벌과 바다 등에서 흡수하는 양이 있습니다. 예를 들어 2018년에 배출량이 1000이고, 흡수량이 200, 2030년에 배출량이 1100이고, 흡수량이 350이라면 2018년의 배출량 1000_{총배출량}, 2030년의 배출량 750_{순배출량}으로 마치 250만큼 줄어든 것처럼 보이지만 실제로 총 배출량은 2030년에 1100으로 2018년보다 100이 늘어난 것입니다. 그러니까 실제 노력보다 더 많이 감축한 것처럼 보이는 효과가 있습니다. 그런데 이 부분이 합헌으로 결정이 났어요.

헌법재판관 9명 중 4명이, 이 법안에서 배출량이 총배출량인지 순배출량인지 정하지 않았다, 그래서 투명성 원칙에 반하지 않는다며 기각 의견을 냅니다. 5명은 동일한 용어를 하나의 조항에서 사용했는데 다른 설명이 없어 다르게 해석할 수 없으니, 이는 투명성 원칙에 반한다며 위헌 결정을 내립니다. 우리나라의 헌법소송에서는 위헌 결정이 나려면 9명 중 6명이 동의가 필요해요. 즉, 이 부분은 위헌 정족수 6명에 미달하여 합헌 결정이 났습니다.

이상으로 2024년 9월 우리 헌법재판소가 판단한 내용을 소개해드렸는데요. 판결의 핵심 내용을 담은 주문_{主文}은 다음과 같습니다.

1. 기후 위기 대응을 위한 탄소중립 녹색성장 기본법 제8조 제1항은 헌법에 합치되지 아니한다. 위 법률 조항은 2026년 2월 28일을 시한으로 개정될 때까지 계속 적용된다.

2. 기후 위기 대응을 위한 탄소중립 녹색성장 기본법 시행령 제3조 제1항, 정부가 2023년 4월 11일 수립한 제1차 국가 탄소중립 녹생성장 기본계획 중 'Ⅴ. 중장기 감축 목표' 가운데 '나. 부문별 감축 목표' 부분 및 '다. 연도별 감축 목표' 부분에 대한 심판 청구를 모두 기각한다.

3. 청구인들의 나머지 심판 청구와 공동 심판 참가인의 공동 심판 참가 및 보조 참가 신청을 모두 각하한다

이는 기후 소송 관련해서 매우 중요하고 상징적인 판결이었어요. 내용을 보시면 알겠지만, 이번 판결로 최소한의 법적 기준은 확인했지만, 실제 감축 목표 달성과 미래 세대 보호라는 과제는 여전히 남아 있다는 점에서 많은 아쉬움이 남습니다.

오늘날 전 세계에서 기후 소송이 벌어지고 있습니다. 우리도 법적인 판단을 통해 기후 위기를 극복하려는 노력이 계속되고 있으니 이후에는 좀 더 나은 결과가 있지 않을까 기대하고 있습니다.

4강

기후 위기, 정치가
어떻게 나서야 할까?

장혜영

장혜영

21대 국회 정의당 소속 국회의원. 어린 시절 장애인 거주 시설에 보내져 서른이 될 때까지 그곳에 살던 발달장애인 동생 혜정에게 탈시설을 제안하고 지금까지 함께 살아가고 있는 한 살 많은 언니. 혜정의 탈시설 이후 6개월의 시간을 다큐멘터리 〈어른이 되면〉과 동명의 책으로 만들었다. 장애인과 비장애인이 함께 잘 살아갈 수 있는 세상을 만들고 싶어 정치에 뛰어들었다. 함께 쓴 책으로 『누군가의 곁에 있기』, 『최소한의 시민』 등이 있다.

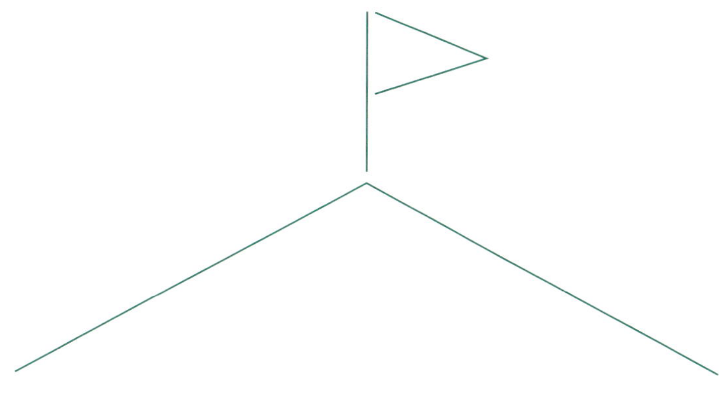

제21대 국회의원을 지낸 장혜영입니다. 국회에서는 기획재정위원회와 기후 위기특별위원회에서 활동했고 현재는 정의당 마포구 지역위원장으로 있습니다. '망원정x'라는 비영리 단체 대표를 맡고 있기도 합니다. 정치인이 되기 전에는 창작자로 지냈습니다. 2017년에 개봉한 다큐멘터리 〈어른이 되면〉을 감독했는데, 중증 발달장애인인 제 동생이 주인공입니다. 동생과의 일상을 공유하는 '생각 많은 둘째 언니'라는 이름의 유튜브 채널을 운영하기도 했습니다.

장애 가족 유튜버 '생각 많은 둘째 언니'는 어떻게 '21대 국회 기후 위기 상황실'이 되었나

제가 어릴 때만 해도 장애인을 차별하면 안 된다는 사회적 분위기가 지금만큼 당연하지 않았습니다. 장애를 가진 아이를 돌보는 몫은 당연히 그 가족, 정확히는 엄마의 몫처럼 여겨졌고, 심지어 장애인을 낳은 것을 엄마의 죄처럼 여기는 분위기가 있었어요. 우리 집도 예외는 아니었습니다. 엄마가 할머니와 통화를 하는데 "네가 장애가 있는 아이를 낳아서 우리 아들이 고생한다"는 얘기를 듣고 눈물을 흘리는 모습을 보기도 했습니다. 지금 있는 '활동 지원 서비스' 같은 것은 꿈도 꾸지 못했습니다. 지적 장애와 자폐성 장애를 가진 동생을 돌보는 일은 온전히 우리 가족의 몫이었고, 자연스럽게 제 어린 시절은 전부 동생과 함께 지낸 기억밖에 없습니다. 한 살 터울인 동생과 저는 늘 붙어 다녔습니다. 초등학생들의 일과는 비슷하니까요.

그러다 중학교에 진학하게 되는데 문제가 생겼습니다. 처음으로 동생과 다른 학교에 다니게 되어 그동안 제가 돌보던 시간에 구멍이 생긴 겁니다. 아무리 따져봐도 3시간 정도가 비었습니다. 다른 가족들의 일정을 아무리 생각해봐도 저 외에 그 시간의 비는 돌봄을 메울 사람이 떠오르지 않았습니다. 고민을 하다가 딱 결론을 내렸습니다. '그래, 결심했어. 중학교에 가지 말자. 어차피 누군가는 동생을 돌봐야 하니까 내가 하자. 그럼 동생도 돌볼 수 있고, 공부도 안 해도 되고, 시험도 안 봐도 되니까.' 지금 보면 맹랑한 생각이지만 그때의 저는 진지했습니다. 나름의 결론을 내리고 부모님께 말씀을 드렸더니 반응은 제 예상과 정반대였습니다. 반가워해주실 줄 알았더니 크게 혼을 내셨어요. 결과적으로 저는 중학교에 가게 되었고, 제 동생은 집 근처에 있는 장애인 거주 시설로 보내졌습니다. 그리고 얼마 뒤 어머니가 집을 나가셨고 저희 가족은 말 그대로 공중분해가 되었습니다.

저는 지역 사회에서, 동생은 시설에서 지내던 청소년기에 저는 학교에 다니며 모든 인간은 동등하고 존엄하다고 배웠습니다. 사회 시간, 도덕 시간에 '대한민국의 헌법은 모든 시민에게 동등한 권리를 보장한다'는 내용을 배우고, 이를 정답으로 여기며 성장했습니다. 그런데 장애인인 제 동생의 삶은 비장애인인 제가 누리는 삶과 너무 달랐습니다. 나이를 먹을수록 더더욱 그랬습니다. 제게는 당연히 주어지는 권리가 동생에겐 주어지지 않았습니다. 그렇다면 내가 누리고 있는 권리는 시민으로서의 권리가 아니라 비장애인이라서 누리는 특권인가? 하는 생각이 들었습니다. 제가 보기에 사회의 현실은 학교에서 가르치는 도덕과 윤리를 적당히 무시하라고 권하는 것 같았습니다. 세상은 원래 그런 것이라고, 어쩔 수 없으니 받아들여야 한다고 말입니다. 그러나 저는 그렇게 하고 싶지 않았습니다. 그보다는 배운 대로 사는 사람이 되고 싶었습니다. 모든 인간이 평등하다는 생각이 무척 마음에 들었기 때문입니다. 배운 대로 사는 것이 몸은 고될지언정 마음은 편안할 것 같았습니다. 가장 먼저 바로잡아야 하는 것은 장애인이라는 이유로 지역 사회에서 격리되어 시설에서 살아가는 동생을 다시 지역 사회로 되돌아오게 하는 것이었습니다.

제가 서른한 살, 동생이 서른 살이 되던 해에 저는 동생에게 시설 밖 지역 사회에서 함께 살아가자는 말을 꺼냈습니다. '탈시설'하자고 한 것입니다. 그렇게 동생은 18년 만에 시설을 떠나 지역 사회로 돌아왔고, 그 첫 6개월의 이야기를 기록한 것이 다큐멘터리 〈어른이 되면〉입니다. 당시 크라우드 펀딩으로 5000만 원의 제작비를 모았습니다. 1249명이 참여했으니 상당히 큰 프로젝트였습니다. 저는 장애인과 비장애인이 함께 살아가기 좋은 세상, 누구도 장애인이라는 이유로 지역 사회에서 격리되어 시설에 갇혀 살지 않아도 되는 세상을

다큐멘터리 〈어른이 되면〉 포스터.

만들고 싶었습니다. 다큐멘터리를 만든 것은 그런 이유입니다. 세상이 바뀌기 위해서는 제도와 문화가 둘 다 바뀌어야합니다. 제 역할은 문화를 바꿔서 제도를 바꾸는 일을 돕는것이라고 생각했습니다. 영화와 이야기를 통해서 분리와 격리를 당연하게 생각하는 사람들의 생각을 바꾸면 그 변화가제도를 바꾸는 힘이 될 수 있다고 생각했습니다.

　제가 동생을 데리고 나온 시기는 박근혜 대통령을 탄핵하고 사회 개혁을 촉구하던 촛불 광장 직후입니다. 당시를 기억하는 분들은 아시겠지만 당시 촛불 광장의 분위기는 단순히 대통령을 탄핵하자는 것만이 아니었습니다. 한국 사회에 대한 깊은 성찰의 분위기가 있었습니다. 그 핵심에는 세월호 참사가 있었습니다. 한국이라는 나라는 전쟁의 폐허를 딛고 빠르게 경제 성장을 이루고 민주화를 이뤘지만, 과연 우리는 정말로 함께 살아가는 다른 사람들을 소중히 여기는 좋은 사회를 만들고 있나, 이윤보다 생명을 소중히 여기는 사회를 만들고 있나, 이런 반성의 마음들이 광장에 있었습니다. 다시는 세월호 참사와 같은 가슴 아픈 사회적 비극이 발생하지 않는 사회를 만들기 위해 '이제는 다르게 살아야 한다'는 마음들이 모여 있었습니다. 저 역시 여기에 마음을 더하고 싶었습니다. 언젠가는 해야 하는 일이라고 생각하면서도 나중으로 미루던 동생의 탈시설을 추진하고 그것을 영상을 통해 이야기로 만들고 전파하기 시작한 이유입니다. 그러면 정치인들이 제도를 바꾸는 자신들의 일을 제대로 해줄 것이라고 생각했습니다.

그러나 제도의 변화는 더디기만 했습니다. 정치인들은 그럴듯한 약속을 했지만 정작 그것을 제대로 지키지 않았습니다. 이런 상황에서 내가 무엇을 더해야 할지 고민하던 시기, 21대 총선을 앞두고 정의당에서 입당 제안이 왔습니다. 정치를 통해서 세상을 바꿔보라는 것이었습니다. 당시 제 마음속에는 정치에 대한 편견이 있었습니다. 정치는 권모술수에 능하고 음흉한 사람들이 하는 일이라고 생각했고 저는 그런 일에 맞지 않다고 생각했어요. 하지만 정말로 '그런 사람들'만 정치를 한다면 우리가 가질 수 있는 정치 역시 '그렇고 그런 정치'일 뿐이라는 생각이 제 마음을 움직였습니다. 반드시 나여야 할 이유는 없지만, 반드시 내가 아니어야 할 이유도 없으니 정말로 원하는 것이 있다면 한번 해보자고 마음을 먹었습니다. 그렇게 정의당에 입당해 선거를 치렀고, 21대 국회의원이 되었습니다.

의정 활동을 시작한 제가 다루는 핵심 분야는 인권이었습니다. 장애인을 비롯해 우리 사회의 다양한 약자들의 인권을 보장하는 일들을 하기 위해 노력했습니다. 기후 위기 대응은 당연히 중요한 이슈라고 생각했기에 제가 있는 상임위에서 탄소세 법 등을 발의하기도 했지만, 저희 의원실이 '21대 국회의 기후 위기 상황실'이라고까지 생각지는 못했습니다. 그러다 제 기후 정치의 분기점이 된 비극적인 사건이 발생했습니다. 2022년 8월에 폭우 피해로 반지하에 살던 세 모녀가 목숨을 잃었습니다. 자매 두 사람과 어린이 한 사람이었는데, 여동생은 노조 활동가였고 언니는 발달장애인이었어요. 세 사람 모두 반지하 방에 차오르는 물을 피하지 못하고 목숨을 잃었습니다. 빈소에 조문을 다녀오며 생각했습니다. 설령 모든 장애인이 탈시설에 성공하더라도 우리가 기후 위기를 막아내지 못하면, 기후 불평등이 심각하면 여전히 장애인의 삶은 안전하지 않구나.

그날 의원실로 돌아온 저는 9명의 보좌진 앞에 이렇게 선언했습니다. "이제부터 21대 국회에서는 우리가 기후 위기 상황실이에요." 그러자 돌아온 첫 반응은 이랬습니다. "의원님, 그런데 저희는 환노위가 아닌데요?" 환노위란 국회의 환경노동위원회의 줄임말입니다. 국회의 핵심 역할인 정부 견제를 위해 국회에는 정부 부처 구성에 따라 상임위원회가 만들어져 있습니다. 기후 문제는 기본적으로 환경부 소관으로 여겨졌기 때문에 관련 사안이나 법률은 국회 환노위에서 주로 담당합니다. 저는 21대 국회 4년 내내 거시경제와 재정, 세금, 예산을 다루는 기획재정위원회라는 위원회에 소속되어 있었어요. 그런 기재위에서 기후 문제를 다루겠다고 하니 당연히 저런 반응이 나왔던 거죠. 하지만 저는 확신이 있었어요. 기후 위기는 특정 부문의 문제가 아니라 모든 영역에서 전환을 요구하는 근본적인 상황이었기 때문에 기재위에서 중요한 역할을 할 수 있을 거라고 생각했습니다.

저는 우선 기후 문제 해결을 위한 초당적 협력을 강조하기 위해 당시 가장 진정성 있게 기후 문제에 관해 활동해왔다고 생각한 정의당과 녹색당, 더불어민주당 청년 정치인과 함께 '기후 정치 선언'을 국회에서 진행했습니다. 이후 2022년과 2023년 국정감사를 아예 '기후 국감'이라고 명명해 소관 부처들을 대상으로 적극 기후 문제를 지적했어요. 기후 국감 이후에는 구체적으로 밝혀낸 내용들을 '기후 국감 보고회'의 이름으로 시민들께 보고하기도 했습니다. 그 성과로 대표적인 기재위 피감 기관인 한국은행에서는 정책과 경영 전반에 걸쳐 그간의 기후 위기 대응 노력을 통합하고 강화하기 위해 기존 조직을 통폐합해 '지속 가능 성장실'을 신설하기도 했습니다. 이 조직은 한국 정부의 기후 위기 대응 수준에 따라 한국의 거시경제와 물가가 어떤 영향을 받는지 모형을 통해 예측하는 등 적극적인 역할을 하기 위해 노력하고 있습니다.

하지만 이런 국지적 성과들에도 불구하고 현실의 벽은 높았습니다. 기후 위기는 우리 모두의 삶을 뒤바꾸는 사건이지만 우리 정치에서는 우선순위가 높은 해결 과제가 아닙니다. 지금 국회에서 기후 위기 해결을 위해 분명히 목소리 내는 사람들이 몇 명이나 될까요? 한 사람이라도 이름을 기억할 수 있나요? 우리는 왜 이런 상황을 마주하게 되었을까요? '기후 정치'를 실천하는 정치인은 왜 드문 것일까요? 이 상황을 개선하기 위해 우리는 무엇을 해야 할까요? 이제부터는 여러분과 함께 우리 정치를 '기후 정치'로 바꾸기 위해 필요한 노력에 대해 차근차근 이야기해보려 합니다.

국제적 기후 위기 대응과 한국의 상황

우선 용어부터 이야기해볼까요. '기후 정치'를 이야기하기 위해서는 '기후 위기'와 '정치'가 무엇인지를 각각 분명히 해야 합니다. 우선 기후 위기란 무엇일까요? 인간의 활동으로 인해 발생한 온실가스 증가가 지구 평균 온도 상승으로 이어지면서 생태계 전체가 위기에 빠진 지금의 상태가 바로 기후 위기입니다.

그렇다면 '정치'란 무엇일까요? 캐나다의 정치학자 데이비드 이스턴David Easton은 "정치는 자원의 권위적 배분"이라고 했습니다. 정치에 관한 일반적 정의로 많이 인용되는 표현입니다. 또 다른 정의를 들어볼까요. 체코의 전직 대통령 바츨라프 하벨Václav Havel은 "정치는 불가능의 예술"이라고 했습니다. 일본의 법학자이자 정치 이론가인 스기타 아쓰시는 "정치는 모든 사람과 관련된 사항을 결정하는 행위다"라고 했습니다. 저는 이 세 가지 중에 오늘은 '결정하는 행위'를 강조한 스기타 아쓰시의 정의를 가져오고 싶습니다. 저는 한 사회를 공유하는 모든 사람에게 영향을 미치는 사항에 관해 결정하는 것이 정치의 핵심이라고 생각합니다. 그러한 관점에서 '기후 정치'란 곧 우리 사회에서 기후 위기 극복과 관련된 사항들을 결정하는 행위라고 이야기할 수 있습니다. 물론 다른 견해도 충분히 가능해요. 다만 현실 정치에서 가장 중요한 것은 기후 문제를 모호한 개념이 아니라 실제로 정치가 결정하고 다룰 수 있는 의제로 만드는 것이 중요합니다.

그러면 기후 정치는 무엇을 결정해야 하는가? 답은 비교적 분명합니다. 우리에게는 이미 과학이 제시한 과제가 있습니다. 그간 발표된 기후 위기 관련 협약과 보고서가 분명히 목표를 제시하고 있습니다. 거슬러 올라가면 1992년도의 유엔기후변화협약UNFCCC이 있었습니다. 이로부터 5년 후에는 교토의정서가 채택되기도 했습니다. 가장 현재적이고 중요한 것은 2015년 채택된 파리협약입니다. 파리협약의 핵심적인 목표는 지구 평균 온도 상승 폭을 1.5℃에서 2℃ 사이로 억제해야 한다는 '1.5℃ 특별보고서'입니다. 이 보고서는 2018년 10월에 우리나라의 인천 송도에서 열린 '기후 변화에 관한 정부 간 협의체^{IPCC}' 제48차 총회에서 세계 195개국의 만장일치로 채택되었습니다. 그리고 중요한 원칙이 바로 '진전 원칙'입니다. 파리협약에 따라 각국은 자발적 온실가스 감축 목표^{Nationally Determined Contribution, NDC}를 결정하고 제출해야 합니다. 이 목표는 5년마다 업데이트되는데 그때마다 이전 목표보다 더 진전된 목표를 세워야 합니다. 이러한 목표를 달성할 수 있게 하는 여러 조치들을 결정하는 것이 바로 기후 정치의 핵심입니다.

대한민국은 파리협약의 당사국으로 이러한 결정을 내려야 할 국제적 책임을 지고 있습니다. 문재인 정부는 2020년 10월에 온실가스 순배출량을 0으로 하는 '넷제로^{Net Zero}' 선언을 하고 당시로서는 매우 도전적인 목표를 내놓습니다. 2020년 초안에는 2030년 탄소 배출량을 2018년 기준 26.3%를 감축하겠다고 했다가 이듬해 40%로 목표를 올려 제출합니다. 국회도 여기에 발을 맞췄습니다. 2020년 5월에 21대 국회가 출범하고 같은 해 9월 24일에 '기후 위기 비상 대응 촉구 결의안'을 채택했습니다. '결의안'은 법적 효력이 있지는 않습니다. 상징적인 의미로 받아들이면 됩니다. 이때 국회는 행정부에 IPCC 권고에 부합하는 2030 NDC 설정과 2050 탄소 중립 선언을 촉구하는 한편, 국회 안에 기후 대응 관련 법을 다루는 기후대응특별위원회를 설치하겠다고 선언했습니다. 결의안을 보면 기후 시민들이 기대했던 내용들이 많이 포함되어 있어요. 현재의 사회적 불평등이 기후 대응에 그대로 반영되어서는 안 되며, 그동안 기후 위기를 유발한 사람들이 더 큰 책임을 져야 한다는 원칙, 사회적 약자들이 기후 위기의 영향을 더 많이 받는다는 사실을 인정하고, 정의로운 전환이 필요하다는 사실을 역설합니다. 이듬해에는 국회에서 탄소중립기본법이 통과되었습니다. 대한민국 정부와 지자체가 수립하는 모든 기후 대응 계획의 법률적 정당성은 바로 이 법에 기반하고 있습니다.

문제는 실천이다

문제는 이렇게 과학적 근거와 법적 기반과 각종 실행 기준이 정해졌음에도 정부와 양당 중심 국회가 실천 의지를 보이지 않았다는 점입니다. 한국 정부와 국회의 기후 정치는 '법 따로 실천 따로'였습니다. 국회는 2020년 9월에 비상 대응을 한다고 결의안을 발표해 놓고서는 2년이나 지나 겨우 기후 위기 대응 특별위원회를 구성했습니다. 그러고도 정작 회의는 여섯 번밖에 열리지 않았고 진행도 부실했습니다. 첫 번째 회의에서는 위원장과 간사를 뽑고 마쳤습니다. 두세 번째는 관련 기관으로부터 업무 보고를 받았습니다. 탄소중립기본법 제정 이후 정부가 제출한 첫 탄소 중립 기본계획이라는 의의를 가진 윤석열 정부의 첫 탄소 중립 기본계획에 대한 국회 심의는 국무회의 통과 이후 뒷북 심의로 전락했습니다. 21대 국회의 기후 특위는 함께 논의하고 결정할 구체적인 의제조차 설정하지 못한 채 시한부 특위로 허무하게 끝났습니다. 이 기막힌 상황에 대한 저의 지적이 당시 회의록에 그대로 적혀 있습니다.

한번은 기후 특위에 참석한 과학기술정보통신부 장관에게 질의를 했습니다. 우리가 1.5℃ 목표 달성을 전제로 2050 넷제로까지 소비 가능한 온실가스 배출량을 '탄소 예산'이라고 부릅니다. IPCC 최신 보고서를 기준으로 그린피스가 계산한 한국의 탄소 예산은 총 약 45억 톤입니다. 그런데 윤석열 정부의 탄소 중립 기본계획상 2030년까지의 누적 온실가스 배출량을 계산해보니 46억 톤이었습니다. 2050년까지 써야 하는 예산을 2030년이면 다 써버리는 계획이었습니다. 이게 1.5℃ 목표를 지키겠다는 계획이 맞는지 따져 물었더니 답변을 제대로 하지 못했습니다. 심지어 탄소 예산에 대한 개념도 정확히 알지 못하는 것 같았습니다. 장관은 과학자 출신입니다. 한국 정부의 기후 위기 대응 수준을 적나라하게 보여주는 장면이었다고 생각합니다.

'법 따로 실천 따로'의 또 다른 예시로 문재인 정부의 2030 NDC 총량을 건드리지 않으면서도 산업 부문 배출량을 크게 늘린 윤석열 정부의 탄소 중립 기본계획을 들 수 있습니다. 계획을 급히 변경한 이유는 한국의 에쓰오일과 세계 최대 석유 기업인 아람코가 우리나라 울산 국가 산단에 대규모 석유화학 시설을 건립하는 '샤힌 프로젝트'를 추진하기로 했기 때문입니다. 총 9조 3000억 원을 들여 역대 최대 규모의 석유화학 시설을 2026년까지 준공한다는 계획인데, 이것이 현실화될 경우 매년 300만 톤의 온실가스가 추가로 배출됩니다. 산업부 관계자는 언론에 "지난달 탄소 감축 계획에서 산업계의 목표치를 낮춰준 것은 샤힌 프로젝트와 바이오 나프타 확보 차질 등이 주요인이었다"고 답했습니다. 기후 위기 극복을 위한 법정 기준에 맞춰 계획을 세우고 산업의 방향을 선도하는 것이 아니라, 정부가 나서서 온실가스 배출을 늘리는 산업을 지원하기 위해 탄소 중립 기본계획을 수정하는 촌극이 벌어진 것입니다.

흔들리는 탄소 중립 정책

이런 일이 앞으로도 비일비재하게 늘어날 것이라고 저는 우려하고 있습니다. 예를 들어 이재명 정부는 인공 지능^AI 산업 진흥을 위해 산업 단지와 데이터센터 조성 계획 등을 발표하는데, 모두 전기를 엄청나게 소비하는 산업입니다. 현재 한국의 발전은 절대적으로 수입 화석 연료에 의존하고 있습니다. 이는 한국을 기후 악당으로 만드는 주범입니다. 그런데 우리는 2050 넷제로를 선언하고도 다른 한쪽에서 화석 연료에 대한 세제 지원을 지속하고 있습니다. 대단한 조삼모사입니다.

한국은 2024년에 열린 제29차 유엔기후변화협약 당사국총회^COP29 기간에 국제 환경 단체인 기후행동네트워크^Climate Action Network-International가 주관하는 '오늘의 화석상^Fossil of the Day' 1위에 오릅니다. 선정 이유는 한국 공적 금융 기관들이 해외 화석 연료 프로젝트에 투자를 엄청나게 하기 때문이에요. 세계에서 두 번째로 많이 한다고 합니다. 윤석열 정부 출범 이후에는 에너지 전환 정책의 기조 자체가 흔들립니다. 윤석열 정부가 2023년에 작성한 전력 수급 기본계획을 보면 2021년에는 에너지 믹스의 원자력 비중이 23.9%였던 것을

32.4%로 확 올리고 신재생 에너지 비중을 30.2%에서 21.6%로 줄입니다. 정부의 이런 갈팡질팡 정책을 국회가 견제할 시스템도 없습니다. 정권에 따라 오락가락하는 기후 정책이 바로 대한민국 기후 정치가 처한 구조적 현실입니다.

왜 이런 상황이 생길까요? 왜 '법 따로 실천 따로, 계획 따로 행동 따로'가 되는 걸까요? 저의 잠정적 결론은 의제의 특성과 현재의 양극단 진영 정치 구조가 만나 나쁜 시너지를 내고 있기 때문이라는 것입니다.

우선 의제의 특성상 기후 정치는 숙의와 설득이 필요합니다. 기후 대응을 위한 1.5℃ 지구 온도 상승 억제 목표는 명확하지만 이를 달성하는 방법은 광범위한 숙의와 토론이 필수적입니다. 에너지 믹스Energy Mix, 즉 어떤 에너지원을 얼마큼 사용할 것이냐를 두고서도 정치적 논쟁이 오래 이어지고 있습니다. 원전주의자들은 핵발전이 저렴하고 친환경적이라고 주장합니다. 하지만 각종 비용 대비 효율성이 점점 떨어지고 있죠. 태양광이나 풍력 등 재생 에너지가 훨씬 안전하고 저렴합니다. 그런데 과학과 근거에 기반해 논의되어야 하는 이런 내용이 거대 양당 간 진영 싸움을 통해 지나치게 정치화됩니다. 에너지원이 진영화되어버립니다. 원전은 국민의힘, 태양광은 민주당이라는 식입니다. 합리적이고 실천적인 논의가 중요한데, 우리 정치 구조상 어려움이 있습니다.

국민들이 불편해하는 정책들이 있습니다. 대표적으로 전기 요금 인상입니다. 우리나라 전기 요금은 매우 싼 편입니다. 비싼 화석 연료를 수입해서 전기를 만들면서도 전기 요금을 오랫동안 인위적으로 낮게 유지해왔기 때문에 시민들이 일상에서 화석 연료로 생산된 전기 사용에 부담을 거의 느끼지 않아요. 에너지 소비를 줄이려면 당연히 전기 소비량도 줄여야 합니다. 가격을 올리면 그런 효과를 볼 수 있겠지요. 그런데 당장 전기 요금을 올린다고 하면 누가 그 정부를 지지하고 싶을까요? 하지만 생산 비용에 비해 낮은 전기 요금 때문에 쌓이는 손해는 사라지지 않고 한국전력의 부채로 누적됩니다.

누적된 부채를 감당하기 위해 한전은 채권을 발행하고, 이 채권은 채권 시장에서 경쟁하는 국채나 다른 회사채들에 고스란히 영향을 미치며 금융 시장 불안정을 불러옵니다. 금융 시장의 불안정은 그대로 시민들이 감당해야 할 몫이 됩니다. 기후 정치는 이런 복잡한 내용을 시민들에게 설명하고 감내할 수 있는 변화의 폭을 합의할 수 있도록 설득하는 과정을 반드시 포함합니다. 쉽지 않죠. 언론도 이 문제를 깊이 있게 보도하지 않습니다. 어렵기는 엄청 어려운데 재미도 없으니까요. 조회 수도 안 나올 기사를 굳이 쓰려고 하지 않습니다.

대신 원색적인 정치적 이슈는 대환영입니다. '갈등'은 '조회 수'로 이어지기 때문입니다. '에너지 믹스'의 여러 방안으로 객관적 사실에 근거해 납득 가능한 대안을 논의해나가기보다 '원전이냐 탈원전이냐', '원전이냐 태양광이냐' 이런 대립적 프레임 속에 전 정권과 현 정권 사이의 정치적 공방이 벌어집니다. 이는 국회 의석의 절대다수를 차지한 두 개의 정당이 서로의 실패에 기대어 반사 이익을 누림으로써 자신의 기득권을 지키는 현재의 정치 구조상 자연스러운 귀결입니다. 양당의 극단적 진영 정치 구조는 우리의 '기후 정치'에서 '기후'가 빠지고 '정치'만 남게 되는 중요한 배경입니다.

그렇다면 대한민국의 민주주의는 기후 위기를 극복할 수 있을까요? 최소한 당위성은 모두가 인지하고 있다고 생각합니다. 그런데도 쉽게 긍정할 수 없는 이유는 앞서 말씀드렸듯 상당한 난관이 있기 때문이에요. '의지'가 필요한 지점이겠죠. 올바른 선택을 할 수 있는 정치적 역량을 길러야 합니다. 과학과 논리와 정의보다 진영 간 유불리가 먼저인 현재의 의사 결정 시스템을 바꾸어야 해요. 그러려면 정치의 다양성이 확보되어야겠죠. 진영 논리에 휩싸이지 않고 시민 삶에 중요한 정책을 일관되게 밀고 나갈 정당이 국회에 다수 존재해야 합니다. 그러한 다당제 정치 개혁이 기후 정치의 필수 요소라고 생각해요.

현재의 행동이 미래의 삶을 바꾼다

기후 위기는 전 지구적인 문제입니다. 어느 한 사람의 결심만으로 바뀌지 않아요. 내가 아무리 열심히 기후동행카드를 써도 부자들이 개인 제트기를 열심히 타고 다니면 탄소 배출량은 늘어납니다. 국제적으로도 아무리 한국이 탄소 배출량을 획기적으로 줄인다 해도 미국과 중국 등 거대 국가들이 배출하는 탄소가 계속 어마어마하다면 마찬가지로 글로벌 탄소 배출량은 늘어납니다. 그래서 혹자들은 묻습니다. "그런다고 될까? 네가 아무리 열심히 해봐야 어차피 사람들이 탄소 배출을 포기하지 않을 텐데." 그러면 당장 할 말을 찾기 어려워지죠. 절망에 빠집니다. 그런데 여기서 우리가 조심해야 할 것은 이러한 도전적 현실을 "그러니 내가 하는 일은 의미 없어"라는 결론으로 내면화해서는 안 된다는 것입니다. 기후 위기는 당연히 전 인류적 과제이기에 우리만 잘한다고 해서 될 일이 아니에요. 하지만 상황이 어렵다는 사실이 곧바로 지

기후 위기 대응을 촉구하는 '기후 악당 혼쭐내자' 현수막 모습(2022년 9월 24일).

금 아무것도 하지 말아야 한다는 근거가 될 수는 없습니다. 상황이 어렵기에 더더욱 변화의 열쇠는 '그래도', '그렇지만'에 달려 있습니다. "맞아. 어렵지. 그래도 나는 여기서 기후 위기를 해결하는 방향으로 행동하려고 해. 그게 나의 결론이야"라고 대답할 수 있어야 합니다.

미국이 파리협약을 탈퇴하고 탄소 배출을 마구 한다고 해서 우리도 그래야 할 이유는 없습니다. 우리는 각자 처한 상황이 다릅니다. 상대의 행동이 우리의 결정을 자동적으로 결정하게 둘 이유는 없습니다. 모든 문제가 다 그렇습니다. "세상 사람들은 위선적이야. 겉과 속이 다르지. 그러니까 나도 거짓말 좀 하면 어때?"라는 말은 논리적 비약을 내포합니다. 내게는 분명한 선택지가 있거든요. 다른 사람들의 선택은 다른 사람들의 선택이고, 나의 선택은 나의 선택입니다. 우리에게는 상황이 아무리 비관적이더라도 내가 옳다고 생각하는 바대로 선택하고 행동할 자유가 있습니다. 기후 위기는 지금 우리의 행동으로 미래를 결정하는 문제입니다. 지금의 절망은 고스란히 20년, 30년 후의 더 깊은 절망으로 되돌아옵니다. 그러니 부디 절망이 찾아온다면 잠깐 깊이 절망하시고 빠르게 다시 일어서 변화를 위한 행동에 나서달라고 요청드리고 싶습니다. '해서 뭐 하나'보다 '할 일을 하자'가 훨씬 낫습니다. 또 우리가 절망에 빠지는 여러 이유 중 하나는 지쳤기 때문입니다. 그럴 때는 조급하게 생각하지 말고 충분히 휴식의 시간을 가져봅시다. 그러고 나서 '자, 그러면 이제 뭐 할까?' 하고 다시 일어서면 됩니다.

　기후 정치에 참여하는 또 다른 방법은 투표와 출마입니다. 한국 사회에서 참정권은 투표 행위로 축소되는 경향이 있습니다. 하지만 우리의 선거법은 엄연히 피선거권을 보장하고 있어요. 기후 문제는 세대 간 정의의 문제이기도 한 만큼, 청년이 당사자가 되어 정치에 참여하는 것이 중요합니다. 청소년들의 목소리, 아직 태어나지 않은 미래 세대의 목소리를 어떻게 정치에 반영할 것인지 상상력이 필요합니다. 물론 여건이 녹록지는 않습니다. "어서 와. 너를 국회의원으로 만들어 줄게. 너는 정말 좋은 정치인이 될 거야"라고 말하는 사람은 없습니다. 하지만 변화를 원한다면 도전해야 합니다. 지금 우리가, 여러분이 하지 않는다면 그다음 세대가 해야 합니다. 지금 우리가 아무것도 하지 않는다면 그때는 상황이 훨씬 더 나빠져 있겠죠. 오늘날 한국 정치가 두 거대 야당의 적대적 공생 관계로 이루어지다 보니 군소당 후보들이 당선 가능성이 낮다고 생각해 아예 출마를 안 하는 지역도 많습니다. 이런 분위기를 바꿀 사람들 역시 우리라고 생각합니다.

선거에 나가면 사람들에게 정치적 의사를 표현하는 공간이 열립니다. 정치적인 메시지를 직접적으로 전달할 수 있어요. 우리가 시민 단체의 회원으로 활동하거나 혹은 개인으로서 생활 속에서 탄소 배출량을 줄이는 실천을 하는 것 이상으로 중요한 기후 정치의 결정에 참여할 기회가 생깁니다. "우리 중에 기후 정치인이 된다면 누가 좋을까? 역시 나 아닐까?" 이런 이야기를 친구들과 재미 삼아 자연스럽게 나누어

보세요. 기후 정치의 주인공이 될 사람이 분명히 우리 중에 있을 거예요.

물론 현실 정치는 쉽지 않습니다. 진보 정당도 예외는 아니에요. 온갖 부조리한 일들이 그 안에서 벌어집니다. 저 역시 너무나 많은 절망과 분노와 환멸을 느꼈지만 그걸 제가 그만두어야 할 이유로 삼지는 않았어요. 오히려 제가 정치를 계속할 이유가 되었죠. 제가 완벽하기 때문이 아닙니다. 여러 문제를 인간적이고 존엄한 방식으로 해결하고 싶었어요. 정치에 등 돌리는 일은 정치를 더욱 나쁘게 만듭니다. 좌절스러운 상황 속에서도 결코 문제 해결을 포기하지 않고 시민과 함께 눈을 맞추고 문제의식을 키워나가며 소통하고 대안적 결정을 만들어가는 것이 바로 기후 정치의 핵심입니다.

5강

여성은 기후 위기를
더 크게 겪는다고?

최형미

최형미

여성학자이자 에코페미니스트인 저자는 영국 요크 대학교에서 여성학 석사학위를 받고, 한국으로 돌아와 이화여자대학교에서 '인도네시아 어머니 운동'을 주제로 박사학위를 받았다. 2014년에는 반다나 시바와 함께 인도네시아 자바섬을 횡단하는 9인의 씨앗 순례에 참여했으며, 2018년에는 (재)숲과나눔의 지원으로 인도, 태국, 케냐를 방문해 개발 도상국 에코페미니스트들을 인터뷰하고 그들의 저항과 지혜를 알리는 글을 신문에 기고했다. 2023년에는 반다나 시바가 설립한 인도 '나브단야' 지구대학(Earth University)에 참여하여 칩코 운동을 펼쳤던 히말라야 데라둔 지역 여성들을 만났다. 2025년에는 (재)숲과나눔의 지원으로 강원도 홍천 양수 발전소 반대 운동 주민들의 이야기를 알리는 활동을 이어갔다. 또한 2024년과 2025년에는 'APWLD(아시아태평양 여성법률개발포럼)'에 통역으로 참여하며 발전근본주의가 아시아에 미친 영향을 살펴보았다. 여러 대학에서 여성학 관련 과목을 강의했으며, 현재는 독립연구자이자 저널리스트로 활동하고 있다. 저서로는 『반다나 시바, 상처받은 지구를 위로해』가 있으며, 『빼앗긴 사람들』 등 여러 권의 책을 함께 번역했다.

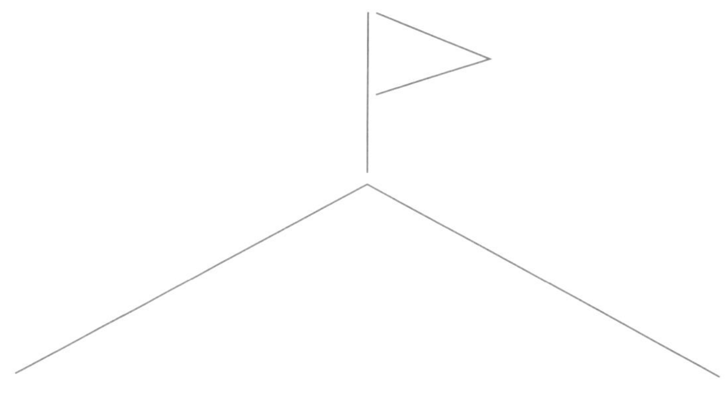

　반차별 운동 단체에서 활동하는 최형미입니다. 저는 우연한 계기로 유럽, 한국, 그리고 아시아 여러 지역의 페미니즘을 두루 경험하게 되었습니다. 그 과정에서 자연스럽게 다음과 같은 질문들을 품게 되었습니다.

　"서구 페미니즘과 아시아 페미니즘은 어떻게, 그리고 왜 다를까?", "왜 많은 아시아 여성들은 쉬지 않고 일하지만 여전히 가난할까?", "왜 아시아의 가난한 지역일수록 자연환경은 더 빨리 파괴될까?"

　이 질문들은 환경 재앙 속에서 살아가는 여성들의 삶을 이해하고자 하는 고민으로 이어졌습니다. 그 과정에서 얻은 여러 통찰을 여러분과 나누고자 합니다.

박사 과정 동안 저는 운 좋게도 많은 분을 만나 인터뷰할 수 있었습니다. 그중에는 에코페미니즘과 깊이 연결된 학자들도 다수 있었습니다. 공동체 경제 이론을 구축한 페미니스트 경제학자 캐서린 깁슨Katherine Gibson, 탈위계적 세계를 지향하며 특권 자각 운동을 펼치는 페기 매킨토시Peggy McIntosh, 자연과 여성 속에서 여신성과 모성의 의미를 탐구하는 인류학자 애니 반더미어Annine van der Meer, 그리고 국제 무역보다 지역 경제가 지구를 살린다고 강조하는 헬레나 노르베리-호지Helena Norberg Hodge가 그들입니다.

그리고 이들 가운데 한 사람은 인도의 환경운동가 반다나 시바Vandana Shiva였습니다. 그녀는 환경, 과학, 생태, 젠더와 관련된 운동을 활발히 전개하며 국제적인 명성을 얻은 인물입니다. 과거 한국에서는 경제 성장을 절대적 가치로 여기는 흐름 속에서 발전주의를 비판한 반다나 시바의 활동이 크게 주목받지 못했습니다. 그러나 환경 문제가 심각해지고 새로운 길을 모색하려는 사회적 요구가 커지면서, 2023년에는 그녀가 한국에 초청되었고 많은 이들이 귀 기울여 그녀의 이야기를 듣기 시작했습니다.

이 글의 목적은 바로 '에코페미니즘'을 소개하는 것입니다. 즉, 여성과 생태가 어떻게 연결되어 있는지를 함께 생각해보고자 합니다. 이를 위해 먼저 제가 서구와 아시아를 넘나들며 배우고 체감했던 '차이의 학문'으로서의 페미니즘을 간단히 소개하고자 합니다. 두 번째로, 에코페미니즘이라는 이름으로 등장해온 다양한 연구와 실천을 살펴보며, 에코페미니즘이 무엇을 의미하는지 살펴보고자 합니다. 마지막으로, 이러한 이해를 바탕으로 한국 풀뿌리 에코페미니즘 운동의 사례 중 하나인 강원도 홍천 양수 발전소 반대 운동을 소개하겠습니다.

반다나 시바를 만나다

우선, 저를 에코페미니즘으로 이끌었던 반다나 시바 이야기를 하지 않을 수 없습니다. 2014년, 반다나 시바는 인도네시아 자바섬을 횡단하는 '씨앗 순례Seed Pilgrimage'를 진행했습니다. 당시 인도네시아에서는 유전자 조작 작물GMO 씨앗을 합법화하려는 움직임이 일어나 농부들의 씨앗 권리가 위협받고 있었고, 이에 식량 주권 운동을 펼치던 1인 NGO 만타사Mantasa의 하유는 이미 국제적으로 명성이 높던 반다나 시바를 자카르타로 초대했습니다. 이후 한국과 호주 등지의 활동가들이 합류해 9명의 '씨앗 순례단'이 꾸려졌고, 우리는 8일 동안 자바섬을 횡단하며 순례를 이어갔습니다. 그 과정에서 인도네시아 대학, 시골 농부들, 공무원, 연구자들, 슬로푸드 활동가들, 대안학교 학생 등 다양한 사람들을 만나 이야기를 들을 수 있었습니다. 강연 자리에서 반다나 시바는 자주 빌 게이츠 이야기를 꺼냈습니다. 그녀는 이렇게 말했습니다.

"빌 게이츠는 아프리카 식량 문제 해결을 명분으로 GMO 바나나 개발에 투자했습니다. 하지만 인도에는 바나나만 해도 300종이 넘습니다. 정말 바나나를 개량하고 싶다면 농부들에게 투자해야죠. 일단 GMO 바나나가 만들어지면, 투자한 기업은 매달 월세처럼 로열티를 받게 됩니다. 빌 게이츠는 컴퓨터 분야에서도 로열티로 큰돈을 벌었죠. 사람들이 매일 먹는 식량을 GMO로 만들고 로열티를 받게 된다면, 그 수익은 상상할 수 없을 만큼 커질 겁니다."

한국에서는 많은 아이들이 "커서 빌 게이츠처럼 되고 싶다"고 말하고 있기에, 저는 그 이야기를 듣고 적잖이 놀랐습니다. 빌 게이츠는 흔히 기술을 개발하는 과학자나 발명가로 인식되지만, 사실 그는 돈이 될 만한 분야에 선제적으로 투자하고, 그에 대한 로열티를 통해 막대한 부를 축적한 투자자에 가깝습니다. 지금 그는 씨앗 역시 거대한 수익을 낳을 수 있

반다나 시바(1952년~).

다는 점을 알고 있습니다. 그가 몬산토^{현 바이엘}의 주요 투자자로 참여했다는 사실은 어쩌면 당연한 일인지도 모릅니다.

빌 & 멀린다 게이츠 재단^{Bill & Melinda Gates Foundation}은 인도네시아의 성매매 문제 해결을 위해 큰 금액을 기부했습니다. 겉으로 보기에는 '좋은 일'을 하는 듯 보입니다. 그러나 반다나 시바는 이 상황을 다른 시각에서 바라보았습니다.

반다나 시바는 빌 게이츠가 성매매 문제라는 특정 영역을 지목해 기부함으로써, 많은 NGO가 그 이슈에 매달리게 되었고 그 결과 농업 문제는 오히려 뒤로 밀려면서 소강 상태가 되었다고 지적했습니다. 당시 인도네시아에서는 GMO 합법화를 추진하는 흐름이 있었기에, 반다나 시바는 "씨앗이 기업에 넘어갈 위기의 순간"이라고 강조했습니다. 그녀가 말하는 '씨앗 전쟁Seed War'의 배경에는 깊고도 아픈 인도의 역사가 자리하고 있었습니다.

반다나 시바는 강연에서, 인도에 GMO 면화가 도입된 이후 약 30만 명의 농부가 빚에 몰려 자살했다고 경고했습니다. 인도네시아 대학 강연장에서 학생들이 그녀를 환영하며 전통 악기를 연주하고 노래를 불렀습니다. 노래 가사는 이렇게 시작했습니다.

"이제 아이들은 농부가 되고 싶어 하지 않는다네."

농부를 존중하지 않은 사회를 안타까워하는 노래였습니다. 반다나는 고위 공무원과 연구자들도 만났습니다. 이후 씨앗순례단과 평가회를 하면서 그녀는 "그들은 체면을 차리느라 질문도 제대로 하지 못한다"고 거리낌 없이 비판했습니다. 그러나 발리의 대안학교에서는 아이들에게 동화를 읽어주는 할머니처럼 따뜻하고 부드럽게 말을 건넸습니다.

"열심히 공부해서, 농부들의 이야기를 귀 기울여 듣고 기록하는 일을 해야 해요."

그때 저도 공부를 왜 해야 하는지 다시 생각하게 되었습니다. 그녀는 만나는 사람에 따라 언어와 태도를 자유롭게 조절했습니다. 때로는 단호하게, 때로는 부드럽게, 때로는 스스로를 낮추며 관계를 열어갔습니다.

발리에서 그녀에게 숙소를 제공한 사람은 아시아 지역에 여러 호텔을 가진 백인 재벌이었습니다. 그는 그 지역에서 슬로푸드 운동을 주관하기도 했습니다. 그가 순례팀을 집으로 초대했습니다. 성문처럼 생긴 대문을 지나 정원을 지날 때 온갖 조각품들이 있었고, 커다란 물고기가 지나는 연못도 있었습니다. 거실에 들어가니 통창 너머로 폭포가 보였습니다. 그리고 그곳에서 일하는 인도네시아 현지인 여러 명이 맛난 유기농 음식을 내놓았습니다.

아시아에 사는 서양 재벌의 친절에 반다나 시바는 어떻게 대했을까요? 그는 반다나 시바와 가깝게 지내려고 비싼 사리를 선물하려고 했지만 반다나는 모두 거절했다고 합니다. 집에 들어가면 도서관처럼 방에서 공부만 했다고 합니다. 오히려 순례 동안 판매된 자신의 책 수익을 모두 1인 NGO 활동가 하유에게 기부했습니다. 순례의 여정 동안 다양한 사람들을 만나는 모습을 지켜보며, 저는 반다나 시바가 이미 아시아 여러 지역에서 영웅이자 어머니, 스승 같은 존재라는 사실을 몸으로 느끼게 되었습니다.

물론 함께 여행하는 일은 쉽지 않았습니다. 비행기를 타고, 다시 장시간 승합차로 이동하는 강행군의 연속이었습니다. 저는 반다나 시바에게 물었습니다.

"당신의 이야기를 듣고 싶어 하는 사람이 많습니다. 연구실에서 책을 쓰면 더 많은 사람이 배울 수 있을 텐데, 왜 이렇게 힘들게 여행하시나요?"

그녀는 미소 지으며 대답했습니다.

"저는 가르치러 가는 게 아닙니다. 농부들에게 배우러 가는 겁니다. 그들이 답을 가지고 있어요."

그 시기 저는 논문을 쓰며 고민이 깊었던 때였고, 다시 조심스레 물었습니다.

"아시아 페미니즘은 어떤 특성을 가지고 있나요?"

그때 반다나 시바는 이렇게 답했습니다.

"다양성이죠. 아시아는 언어도 다양하고, 옷도 다양하며, 인종도 다양합니다. 다양한 여성들의 이야기가 있는 곳이죠."

반다나 시바의 이 이야기는 제가 쓴 『반다나 시바, 상처받은 지구를 위로해』에 자세히 실려 있습니다. 이제, 그녀가 강조한 '다양한 여성들의 차이'에 대해 이야기를 이어가겠습니다.

페미니즘에 대한 편견

에코페미니즘을 본격적으로 이야기하기 전에, 먼저 페미니즘을 둘러싼 사회적 편견을 짚어볼 필요가 있습니다. 우리 사회에는 여전히 페미니스트에 대한 오래된 오해들이 존재합니다.

남성 혐오자, 극단주의자, 반가족주의자, 여성 우월주의자, 못생긴 사람, 공격적인 사람, 레즈비언….

이러한 낙인은 자기 목소리를 내는 여성들에 대한 가부장제 사회의 백래시backlash로 이해할 수 있습니다. 그러나 사회는 이미 크게 변하고 있습니다. 2024년 갤럽 인터내셔널 조사에 따르면, 한국 부모에게 "아이를 한 명만 낳는다면 어떤 성을 선호하는가"라고 물었을 때, 딸을 선택한 응답이 아들을 훨씬 웃돌았습니다. 이는 여성의 사회·경제적 지위가 높아진 현실을 반영합니다. 페미니즘이 우리 사회를 실제로 바꾸어놓고 있다는 증거이기도 합니다.

그럼에도 많은 사람은 여전히 페미니즘을 하나의 단일한 이데올로기로 오해하곤 합니다. 이를테면, 페미니스트라 하면 항상 "싸워서 이기자", "여성이여 강해져라"와 같은 구호만 외치는 집단이라고 생각하는 경향이 있지요.

그러나 실제로 페미니즘 안에는 수많은 관점, 경험, 그리고 전략이 공존합니다. 가부장제 사회에서 '다른 목소리'로 등장한 페미니즘은 그 자체로 차이와 다양성에 민감한 학문이자 실천입니다. 다른 여성들, 다른 지역, 다른 조건에서 태어난 여성들의 경험을 존중하며, '다양한 차이'를 성찰하는 것이 페미니즘의 핵심 가운데 하나이기도 합니다.

모성에 대하여

모성에 관해 좀 더 구체적으로 이야기해볼까요? 일부에서는 페미니즘이 모성을 비판하며, 나아가 그것이 한국의 저출산 문제의 원인이라고 주장하기도 합니다. 실제로 어떤 중학교 시험 문제에서는 "가족 해체와 이혼율 증가의 이유는 페미니즘 때문이다"라는 문항이 등장했다는 이야기도 들었습니다

페미니즘이 모성 그 자체를 비판한 것은 아닙니다. 다만, 여성에게 특정한 역할을 강요하는 '제도로서의 모성', 즉 모성 이데올로기를 비판한 것은 사실입니다. 예를 들어, 아드리엔느 리치Adrienne Rich는 『더 이상 어머니는 없다』에서 제도로서의 모성은 노예제나 공창제처럼 폐기되어야 할 제도라고까지 주장합니다. 왜냐하면 이 제도는 인류의 절반을 차지하

는 여성들의 권리, 꿈, 사회적 실천을 제한하며, "여성은 본질적으로 어머니여야 한다"는 고정 관념을 사회 전반에 강요하기 때문입니다.

모성 이데올로기는 동시에 여성의 노동을 값싸게 착취하는 구조에도 깊은 영향을 미쳤습니다. 여성의 역할을 '어머니'로 규정하는 사회 속에서, 여성 노동자들은 노동 시장에서 노동자로 존중받기보다는 "아이 간식비 벌러 나온 어머니"처럼 취급되곤 했습니다.

한국에서는 1970년대 '여공 최고 임금제'까지 존재해, 회사가 더 많은 이윤을 내더라도 여성 노동자에게 일정 수준 이상의 임금을 지급할 수 없도록 제한했습니다. 세계 경제에서도 이런 구조는 되풀이되었습니다. 발전 경제학자 자야티 고시Jayati Ghosh는, 오늘날 아시아가 '세계의 공장'이 된 이유는 값싼 여성 노동력의 체계적 착취에 있다고 지적합니다. 그는 세계 자본주의는 아시아 여성의 노동에 기초한다고 말합니다. 결국 모성 이데올로기는 단지 가정의 문제가 아니라, 기업, 국가, 경제 체제 전반을 관통하는 통치 기법이었기 때문에 페미니즘의 비판 대상이 된 것입니다.

하지만 흑인 페미니스트들은 모성에 대해 또 다른 이야기를 들려줍니다. 그들은 말합니다.

"우리 아이들이 거리에서 네댓 명만 모여 있어도 경찰이 달려오고, 언제든 경찰의 총격으로 목숨을 잃을 수 있는 상황에서, 아이들을 지켜내는 모성은 착취 이데올로기가 아니라 저항 이데올로기이다."

그렇다면 모성은 착취 이데올로기일까요, 아니면 저항 이데올로기일까요? 페미니스트들은 이 문제를 단순한 이분법으로 결론 내리지 않습니다. 모성은 맥락과 사회적 구조에 따라 억압이 될 수도, 저항이 될 수도 있기 때문입니다. 그러니 맥락에 따라 모성을 비판도 하고 모성을 적극 활용하는 것이 필요합니다.

가족에 대하여

가족은 페미니즘에서 매우 중요한 주제입니다. 여성들의 삶과 노동, 갈등과 생존이 집약된 공간이기 때문입니다. 가족 연구에서 나온 핵심 개념으로는 '친밀한 착취familiar exploitation'와 '친밀한 폭력familiar violence'이 있습니다. 이 개념들은 가족제도 안에서 여성들이 어떻게 경제적으로 착취당하며, 또 얼마나 많은 폭력을 가족 내부에서 경험하는지를 보여줍니다.

우리나라 옛 여성들은 "일하기 싫어서 시집가지 않겠다"고 말하곤 했다고 합니다. 가사 노동은 언제나 무임금 노동으로 여겨졌고, 자연스럽게 여성이 맡아야 할 일로 간주되었습니다. 남성은 '가족 부양자'라는 이유로 각종 수당과 혜택을 받았지만, 여성의 노동은 가치로 인정받지 못했습니다. 한편 여성에게 가사 노동과 돌봄이 과도하게 부과되면서, 이를 온전히 수행하지 못할 경우 여성들은 심각한 폭력과 비난에 노출되기도 했습니다. 시인 폴레트 켈리Paulette Kelly는 '나는 오늘 꽃을 받았어요I Got Flowers Today'라는 시를 통해, 결국 죽음으로 이어지는 가정 폭력의 비극을 사회에 고발했습니다.

그러나 흑인 페미니스트들은 가정에 대해 또 다른 의미를 이야기합니다. 인종 차별적 환경 속에서, 가정은 폭력이 존재하더라도 '피난처'였다고 말합니다. 경쟁과 생존 스트레스에 내몰린 여성들에게 가정은 서로를 위로하고 지지하는 중요한 공간이기도 했다는 것입니다.

그렇다면 가족은 위험한 공간일까요, 아니면 안식처일까요? 페미니즘은 이 질문에 단일한 답을 제시하지 않습니다. 가족은 사회적 맥락과 조건에 따라 억압의 공간이 될 수도, 생존과 위로의 공간이 될 수도 있기 때문입니다.

여성성에 대하여

사람들은 페미니즘이 여성에게 늘 "강해져서 싸워라"라는 메시지만 전달한다고 오해합니다. 물론 가부장제가 여성을 약한 존재로 규정하며 정치적 권리와 경제적 독립을 가로막아 왔기 때문에, 페미니스트들이 여성의 강함을 강조해온 것은 사실입니다. 그러나 벨 훅스bell hooks는 인권 운동가 소저너 투르스Sojourner Truth의 이야기를 빌려, 흑인 여성들의 현실을 이렇게 전합니다.

"끝이 보이지 않는 농장에서 일할 때 아무도 나를 약하다고 하지 않았다. 공장에서 무거운 매트리스를 옮길 때도 아무도 힘드냐고 묻지 않았다."

흑인 여성들이 정말 듣고 싶었던 말은 "힘들었지? 약한 여자야, 이제 좀 쉬어라"였을지도 모릅니다. 몇 년 전 한 대학 연구에 따르면, 제주도 여성들 역시 자신을 '강한 여자'라고 부르는 것을 좋아하지 않는다고 합니다. 아침에 집안일을 하고 다시 물질을 나가는, 숨 돌릴 틈 없이 살아온 그들에게 "강해져라"는 말은 더 많은 노동을 요구하는 말처럼 들렸기 때문입니다.

여성운동에서 여성들이 강해져야 한다고 말할 필요도 있지만, 동시에 여성들이 얼마나 지치고 취약한 존재인지 사회가 이해하도록 알리는 일 또한 중요합니다. 페미니즘은 이 두 가지 메시지 사이의 긴장을 인식하며, 현실에 맞는 언어를 끊임없이 모색해왔습니다.

민족주의에 대하여

국가 인류학자 베네딕트 앤더슨Benedict Anderson은 『상상의 공동체Imagined Communities』에서 민족이 형제애brotherhood라는 남성적 상상력으로 형성된 개념이라고 분석합니다. 여성은 아이를 낳는 존재, 국가의 문화적 상징으로만 대상화될 뿐, 독립된 시민으로 인정받지 못했습니다. 국제 행사에서 남성 대표들은 양복을 입는 반면, 여성들에게 전통 의상을 입도록 하여, 그들을 '민족의 얼굴'로 내세우는 관행이 그 예입니다.

함께 독립운동을 했음에도, 해방 이후 여성들은 침대로, 부엌으로, 우물가로 다시 돌려보내졌고, 정치와 국가 운영은 남성들의 몫이 되었습니다. 이런 이유로 많은 페미니스트들은 남성 중심적 민족주의를 비판해왔습니다.

그러나 식민주의를 겪은 많은 아시아·개도국 여성들은 또 다른 목소리를 냅니다.

"제국주의에 맞서 함께 싸운 남성들을 적대할 수 없다. 국가가 없을 때 우리는 훨씬 더 극심한 폭력과 착취를 겪었다."

한국의 일본군 '위안부' 피해자들도 국가를 잃었을 때 참혹한 성폭력과 인권 침해를 겪어야 했습니다. 그렇다면 페미니스트는 민족주의자가 될 수 없는 것일까요? 아니면 오히려 특정한 맥락에서는 민족주의적일 수밖에 없는 것일까요? 이 질문에도 단일한 답은 없습니다. 페미니즘 내부에는 이 문제를 둘러싼 상반된 시각과 복합적 현실이 공존합니다.

가정 폭력에 대하여

가정 폭력 문제에서도 여성들의 경험은 결코 일치하지 않습니다. 제가 영국에서 공부할 때, 저를 언니라고 부르던 중국 여성 줄리는 선진국 남성이 프로필 사진을 보고 선택하는 소위 '우편 주문 신부Mail-order bride'였습니다. 남편의 폭언으로 고통받던 그녀는, 이웃의 신고로 인해 남편이 집에 접근하지 못하도록 보호 조치를 받았습니다. 이야기를 나누면서 그녀는 이렇게 말했습니다. "남편이 착해져서 다시 함께 살고 싶어요."

우연히 비슷한 시기에 사회학 강의를 함께 듣던 영국 사회복지사 여성은, 선글라스를 쓰고 수업에 들어왔습니다. 이유를 묻자 그녀는 안경을 벗으며 멍든 눈을 보여주며 말했습니다.

기후 위기를 걱정하는 당신을 위한
기후 학교

“남편이 저를 때렸어요. 시누이와 가족 모두가 그 남자를 집에서 쫓아냈습니다. 저는 이혼할 거예요.”

같은 폭력 상황임에도 두 여성의 선택은 이렇게 다릅니다. 그렇다면 누구의 선택이 옳을까요? 페미니즘 안에서는 가정 폭력 문제에 분명한 정답이 있을 것처럼 보이지만, 현실에서 여성들의 대응은 매우 다양합니다.

인도의 가정 폭력 쉼터에서도 많은 여성들이 남편과 재결합하기를 기다린다는 이야기를 들었습니다. 일부 사람들은 이 여성들이 교육을 제대로 받지 못했거나 용기가 부족해서 그렇게 한다고 생각할 수 있습니다. 그러나 그들이 직면한 현실은 훨씬 복잡합니다. 젠더 문제뿐 아니라, 가난, 이주로 인한 인종 차별, 계급 차별 등 여러 층위의 억압과 차별 속에서 살아가고 있기 때문입니다.

가정 폭력 문제는 하나의 변수를 가진 단순한 1차 방정식이 아니라, 여러 변수가 얽힌 3차, 4차 방정식과 같습니다. 여성들의 선택과 대응은 단순히 ‘옳고 그름’으로 평가될 수 없으며, 복합적인 사회 구조 속에서 이해해야 합니다.

섹슈얼리티에 대하여

“포르노는 연습이고, 강간은 실천이다”라는 말로 유명한

미국의 페미니스트 법학자 캐서린 매키넌Katharine MacKinnon
은, 모든 여성은 정도의 차이는 있지만 성폭력이라는 공통 경
험을 한다고 주장했습니다. 그러나 이 주장도 모든 여성에게
동일하게 적용되지는 않습니다.

예를 들어, 빅토리아 시대의 백인 여성들은 사회적으로 무
성애적 존재로 여겨지며 성적 억압을 경험했습니다. 이에 따
라 그들은 성적 해방을 강하게 요구하며, 여성이 성적 욕망을
가진 존재임을 주장했습니다. 반면, 흑인 여성들은 인종 차별
적 사회 속에서 과도한 성적 이미지가 덧씌워졌고, 강간조차
"흑인 여성이 유혹했다"는 논리로 정당화되었습니다. 심지어
노예제도 시절에는 흑인 여성을 강간해도 강간죄가 적용되
지 않았습니다. 즉, 같은 '여성'이라는 정체성 안에서도 섹슈
얼리티 경험은 전혀 달랐습니다.

우리나라에서 미투 운동이 일어났을 때도, 성매매 여성들
이 참여한 적이 있습니다. 좁은 공간에서 이루어지는 매매 상
황에서 그들이 겪은 경험을 이야기하려 할 때, 사람들은 "어
떻게 당신이?"라는 반응을 보였습니다. 이처럼 여성이 만나
는 섹슈얼리티의 경험은 매우 다양하며, 단일한 틀로 이해할
수 없습니다.

혼돈 속에 피어난 지혜

이처럼 페미니즘에는 모성, 가족, 여성성, 민족주의, 가정 폭력, 섹슈얼리티 등에 대한 단일한 입장이 존재하지 않습니다. 초기 흑인 페미니스트들은 백인 페미니스트들을 '자신들의 목소리를 끌어내어 출세에 이용하려는 기회주의자'라고 강하게 비판하기도 했습니다. 이 때문에 페미니즘이 내부 분열로 인해 학문과 여성운동 모두 불가능해질 것이라는 우려도 있었습니다.

그러나 페미니즘은 처음부터 가부장제 사회 속에서 '다른 목소리'로 등장했습니다. 따라서 내부에서 또 다른 목소리가 생겨날 때, 페미니즘은 통합이나 동화를 강요하기보다 차이를 인정하고 서로의 목소리에 귀 기울이는 방향으로 진화해 왔습니다.

차이로 혼란을 겪을 때, 오히려 페미니즘 철학과 인식론은 더욱 발전했습니다. 혼돈이 주는 선물입니다. 페미니스트 철학자 샌드라 하딩Sandra Harding은 이러한 '다른 목소리'가 바로 인종 차별, 계급 차별, 성적 지향 차별 등 다양한 억압을 겪는 '우리 안의 타자stranger within'의 시선이며, 이 시선이 사회 문제를 더 정확하게 볼 수 있는 '강한 객관성strong objectivity'을 만들어낸다고 말합니다. 그의 주장은, 페미니즘을 단순히 주변부로 치부하고 구색만 맞추라고 했던 사고를 바꾸고, 페미니즘을 정치·문화·학문의 중심으로 끌어올리는 데 결정적 역할을 했습니다. 이제 사람들은 묻습니다.

"페미니즘을 이해하지 않고 어떻게 사회를 분석하고 학문을 할 수 있을까?"

또한 킴벌리 크렌쇼Kimberlé Crenshaw는 '상호 교차성intersectionality' 개념을 통해, 여성들이 왜 서로 다른 억압을 경험하는지를 명확히 설명했습니다. 성차별뿐 아니라, 인종 차별, 계급 차별, 섹슈얼리티 차별, 장애 차별 등 여러 억압이 교차적으로 작동하면서 여성은 서로 다른 경험을 하게 됩니다. 따라서 여성들의 연대는 더 이상 "공통의 여성 경험"에서 출발할 수 없습니다. 크렌쇼는 연대가 가능하려면 서로의 차이를 이해하고, 그 차이에 공감하며 지지하는 과정이 필요하다고 말합니다.

페미니즘은 이렇게 낯선 경험과 타자, 주변부와 소수자를 향해 계속 자신을 열어가는 학문입니다. 그리고 이러한 과정에서 만나는 다양한 여성들 간의 연대, 나아가 비인간과의 만남의 경험이 바로 에코페미니즘 사상 속에 녹아 있습니다.

불편했던 에코페미니즘

에코페미니즘 공부를 시작하면서 적지 않은 어려움을 겪었습니다. 그동안 옳다고 믿어온 것들을 정면으로 비판하는 내용이 많았기 때문입니다. 철학자 정대현은 "자유와 평등"을 포기할 수는 없지만, 그것을 절대적 가치로 삼을 때 현대 사회의 그림자에 제대로 대응하기 어렵다고 지적하며, 권리 중심적 페미니즘을 비판합니다. 저는 처음에 권리 중심적 페미니즘이 왜 문제인지 이해할 수 없었습니다. "가뜩이나 힘들게 싸우고 있는 페미니즘에, 같은 편이 힘을 실어주기는커녕 왜 비판부터 하는 걸까?"라는 생각이 들었습니다.

그러나 곰곰이 생각해보니, 권리 중심적 페미니즘은 그것을 지켜내기 위해 경쟁과 따라잡기라는 전략을 취하게 됩니다. '알파걸'이나 '골드미스'처럼 경쟁력이 있는 여성에게는 권리 중심적 페미니즘이 유리하고 타당할 것입니다. 하지만 한 달에 60만 원 받는 캄보디아 의류 공장 여성이나, 폐휴지를 모으는 우리나라 할머니에게 "경쟁하고 따라잡으라"고 말하는 것이 무슨 의미가 있을까요? 오히려 사회의 약자에게 필요한 것은, 서로 처지가 달라도 연결하고 공감하는 마음입니다.

게다가 에코페미니즘에서 '모성'은 중요한 개념으로 다뤄집니다. 그래서 "가부장제 전략에 동의한 중산층 페미니즘이 아닌가?"라는 도발적 질문을 받기도 했습니다. 돌봄과 나눔을 강조하는 에코페미니즘이, 결국 고정된 성 역할을 강화하는 것이 아니냐는 의심도 존재합니다. 여성의 억압 경험을 자연과 연결하는 것이 오히려 여성을 '자연화'하고 열등한 존재로 위치 지웠다는 비판도 있었습니다.

하지만 이는 모성의 부정적 측면만 바라봤기 때문에 생기는 오해입니다. 모성은 약자를 돌보는 마음입니다. 사회적 약자와 연대하기 위해, 모성은 여성 리더십의 중요한 자원이 될 수 있습니다. 또한 에코페미니즘은 여성에게만 부가된 돌봄과 나눔의 성 역할을 비판하면서도, 돌봄과 나눔 자체는 강조하고 확산합니다. 돌봄이 없는 사회는 야만 사회입니다. 에코페미니즘은 성별에 따른 역할이 아니라, 돌봄과 나눔이라는 연결 방식을 더 확장하려고 합니다. 또한 여성을 자연과 연결할 때 불편함을 느끼는 것도, 어쩌면 자연을 열등하게 바라본 가부장적 시선의 잔재 때문일 수 있습니다.

에코페미니즘이 등장한 1970년대는 산업화가 급속도로 진행되던 시기였습니다. 과학 기술의 발전은 우주선이 달에 착륙하는 장면을 가능하게 했고, 인류는 마치 우주를 정복한 듯한 자만심에 빠져 있었습니다. 동시에 국가들은 핵무기를 경쟁적으로 개발하며 세계를 위협했고, 냉전 체제 속에서 서구를 중심으로 자본주의의 세계화가 가속화되고 있었습니다.

한국 역시 군사 독재 정권이 경제 개발 계획을 추진하며 산업화와 도시화가 빠르게 진행되던 시기였습니다. 필리핀, 인도네시아, 중국 등 아시아 여러 나라에서도 경제 계획이 시행되고 있었고, 경제 발전은 국가의 핵심 의제가 되었습니다. 그러나 산업주의가 초래한 재앙에 대한 생태주의 비판, 경제적 제국주의에 맞서는 제3세계 저항, 핵무기 및 군비 경쟁에 반대하는 평화 운동도 동시에 일어났습니다.

이 시기 독일에서는 페미니스트들이 생태 운동과 반핵 운동에 적극 참여했습니다. 미국에서는 역사상 최악의 환경 재난 중 하나로 꼽히는 러브 운하Love Canal 사건이 발생했습니다. 매립지 위에 세워진 학교와 주택가에서 아이들이 이유 없는 통증을 호소하고, 기형 출산과 피부 질환이 이어지자, 여성들은 아이와 가족을 지키기 위해 투쟁에 나섰습니다. 1978년 진행된 건강 영향 조사에서 불법 폐기된 유독 물질이 원인임이 밝혀졌습니다.

1977년 아프리카 케냐에서는 환경운동가 왕가리 마타이가 나무 심기 운동을 시작했습니다. 이는 사막화를 막는 동시에 여성들에게 생계와 훈련 기회를 제공하는 운동이었으며, 마타이는 이후 노벨 평화상을 수상했습니다. 인도에서는 1970년대 히말라야 지역을 중심으로 대규모 벌목이 이루어지자, 여성들이 나무를 끌어안고 몸으로 저항하는 칩코^{Chipko} 운동을 전개했습니다. 결국 정부는 벌채 금지 조치를 내렸고, 이는 전 세계 여성 생태 운동의 모범 사례로 소개되었습니다.

이와 같은 세계적 흐름 속에서, 1974년 프랑스 작가 프랑수아즈 드본느^{Françoise d'Eaubonne}는 『페미니즘이냐 죽음이냐^{Feminism or Death}』에서 현재의 환경 재난과 전쟁이 모두 가부장제 시스템에서 비롯되었다고 진단하며, 이를 해결하기 위해 생태와 페미니즘을 결합한 '에코페미니즘'을 제안했습니다. 앞서 살펴본 다양한 환경 투쟁에서 여성들이 주도적으로 역할을 해왔다는 사실은 그녀의 문제의식과 맞닿아 있습니다.

사람들은 종종 에코페미니즘을 단순히 '여성 중심 환경 보호 운동' 정도로 축소해 이해합니다. 또는 모성과 자연, 여성의 경험을 연결하는 것만을 에코페미니즘이라 부르기도 합니다. 그러나 에코페미니즘은 "새로 자아내는 직물"처럼 끊임없이 확장되고 넓어지는 사상이며, 하나의 정의로 고정되지 않습니다. 그럼에도 저는 에코페미니즘이 어떤 갈래로 확장되어 왔는지 살펴보려 합니다. 이 큰 그림을 이해하는 것이, 새로운 상상을 확장하는 데 도움이 되기 때문입니다.

생태와 여성과의 관계 이해하기

페미니스트 사회철학자 이상화는, 새로운 패턴을 자아내는 에코페미니즘을 거대한 하나의 이론으로 구성하는 것은 불가능하며 무의미하다고 말합니다. 그러나 사회경제적 분석, 신화, 철학, 여성들의 일상 이야기가 뒤섞인 에코페미니즘을 체계적으로 이해한다면, 이를 재배열하고 연결함으로써 문제 해결을 위한 새로운 대안을 상상할 수 있다는 점에서 체계화 시도는 필연적입니다. 따라서 저는 하나의 닫힌 체계로 이론을 정립하기보다는, 다양한 연구물의 진입 경로를 살펴보며 빠르게 확장되어가는 에코페미니즘의 흐름을 파악하고자 합니다.

저는 특히 여성과 생태의 관계에 기반을 둔 이상화의 에코페미니즘 분류가, 에코페미니즘의 정치적 의도를 명확하게 보여준다고 봅니다. 이상화는 에코페미니즘을 단순한 공통점이 아니라, 여성과 생태의 역동적 관계를 중심으로 세 가지 영역으로 나누었습니다.

경험적 영역: 여성이 더 큰 피해를 입는다

생태와 여성의 관계를 이해할 때 가장 먼저 주목해야 할 점은, "생태 파괴가 여성에게 더 큰 피해를 준다"는 사실입니다. 예를 들어, 2004년 남아시아 지역을 강타한 쓰나미로 스리랑카 해안의 80%가 피해를 입었을 때, 남성 생존자가 여성 생존자보다 훨씬 많았습니다. 아이들과 노인을 돌봐야 하는 책임이 여성에게 집중되기 때문에 대피하지 못해 피해가 더 컸던 것입니다. 게다가 여성들은 경제적 자원에 접근하기 어렵기 때문에, 그들의 빈곤은 재난 이후 더욱 악화됩니다. 이렇게 경험적 영역은 생태 파괴로 고통받는 여성과 자연, 그리고 다양한 소수자 계층의 경험을 분명하게 보여줍니다.

에코페미니즘 역사 속에서 이러한 접근을 보여준 사례는 많습니다. 에코페미니즘의 어머니라 불리는 레이첼 카슨 Rachel Carson은 『침묵의 봄 Silent Spring』을 통해, 경제 발전으로 풍요를 누리는 미국 사회에서 소수자인 비인간 존재들이 어떻게 위협받는지, 과학적 정밀성과 문학적 상상력으로 생생하게 그려냈습니다. 당시 미국은 '지상의 천국'으로 불렸습니다. 자동차, 텔레비전, 코카콜라가 풍요의 상징이었고, 우주선 달 착륙으로 군사력을 과시하며 자만에 빠져 있었습니다. 그런 상황 속에서 『침묵의 봄』은 미국 환경운동과 유해 물질

규제의 법제화에 큰 영향을 미쳤습니다.

한편, 반다나 시바는『녹색혁명의 폭력』보고서를 통해, 대량 생산을 목표로 한 녹색혁명이 인도 펀자브 지역 농민들을 어떻게 착취하고, 나아가 집단 살상으로 이어지게 했는지를 보여주었습니다. 이처럼 생태 파괴로 생존권이 위협당하고 침묵당했던 이들의 목소리를 세상에 알리며, 착취와 폭력의 메커니즘을 분석하는 영역이 바로 경험적 영역입니다.

많은 사람이 자연재해는 인류 전체가 겪는 것이라고 말합니다. 틀린 말은 아니지만, 완전히 맞는 말도 아닙니다. 날씨가 갑자기 더워지거나 추워지면, 쪽방촌과 같은 취약한 지역의 사람들이 우선적으로 피해를 겪습니다. 기후 변화로 물 부족 문제가 발생한 이후 아프리카 지역 여성들은 더 먼 곳에서 물을 길어야 하며, 그 과정에서 다양한 폭력과 위험에 노출되기도 합니다.

결국 에코페미니즘의 경험적 영역은, 기후 재난과 환경 파괴 속에서 여성들과 소수자들이 겪는 피해와 불평등을 그대로 드러내는 영역입니다. 아마 이 이야기를 읽는 여러분의 머릿속에도 이미 다양한 사례와 경험들이 떠오를 것입니다.

개념적 영역: 존재론적 혁명

에코페미니즘은 '존재론적 혁명'이라고 불리기도 합니다. 다소 추상적으로 들릴 수 있지만, 핵심은 무엇을 바꾸느냐에 있습니다. 존재론이란 우리가 살아가고 생각하는 방식, 즉 인간관과 세계관의 기초를 이루는 개념 체계입니다.

현대 사회를 지배하는 많은 사고방식은 근대적 세계관에 기반합니다. 계몽주의와 근대는 인류에게 빛과 같은 발견이었지만, 동시에 문제를 안고 있었습니다. 근대적 세계관을 대표하는 사상가로 데카르트와 뉴턴을 들 수 있습니다.

데카르트는 주체와 객체를 분리해 세상을 논리적으로 이해하도록 했습니다. 문제는 이 이원론이 세상을 위계적으로 바라보는 사고를 정당화했다는 점입니다. 인간과 자연, 남성과 여성, 문화와 자연, 이성과 감정 등을 나누어 위계화했습니다.

뉴턴의 기계론적 세계관도 마찬가지입니다. 그는 『프린키피아Principia』에서 만유인력으로 별의 움직임을 설명하였습니다. F=ma라는 힘의 원리로 세상을 설명했습니다. 그러나 힘의 원리는 강한 자가 약한 자를 지배하는 것을 자연스러운 원리처럼 받아들이게 했습니다. 이 논리는 식민지 지배와 여성 차별을 정당화하는 근거로 작동했습니다. 또한 세상을 단순한 기계로 환원해, 생명과 자연을 단지 부품 정도로만 여기는 태도를 만들었습니다. 독일의 사회학자 마리아 미즈^{Maria Mies}는 서구의 물질적 풍요가 그들의 지혜 때문이 아니라, 자연, 여성, 식민지를 폭력적으로 착취한 결과라고 말합니다.

따라서 에코페미니즘에서 말하는 존재론적 혁명이란, 기계론적 세계관을 비판하고 생태적 세계관으로 전환하는 것을 의미합니다. 기계론적 세계관이 엘리트주의적이라면, 생태적 세계관은 농부의 세계관과 같습니다. 기계론적 세계관이 인간/비인간, 남성/여성, 문화/자연, 초월/내재, 이성/감정을 분리하고 위계적으로 바라봤다면, 생태적 세계관은 모든 존재가 상호 의존하며 연결되어 있다고 봅니다.

에코페미니즘 연구자 장우주는 생태계의 특징을 두 가지로 요약합니다. "생태는 내재적 가치를 가진다"와 "생태는 다양성과 풍요를 충족시킨다"입니다. '내재적 가치'란, 들풀, 곤충, 나무, 돌, 여성, 남성, 퀴어, 아이, 장애인, 비장애인 등 모든 존재가 그 자체로 소중하다는 것을 의미합니다. 이는 곧 다양성의 가치를 인정하는 것입니다. 서로 다름을 인정할 때, 안전한 공간에서 서로를 지지하고 연결할 수 있습니다. 따라서 생태적 세계관은 내재성, 다양성, 연결을 기본 개념으로 삼습니다.

이렇게 존재론적 혁명을 시도하는 다양한 연구가 진행되었습니다. 예를 들어, 반다나 시바는 사물은 고정된 것이 아니라 관계와 과정을 통해 만들어진다는 현대 과학의 양자역학 원리로 생태적 세계관을 설명합니다. 현대 과학이 주장하는 나비 효과는 힘의 지배를 절대적으로 믿는 근대 과학으로 설명 불가능합니다. 사람들은 달걀로 바위를 깨는 것이 불가능하다는 사실을 받아들입니다. 그러나 현대 과학은 베이징에서 나비의 날갯짓이 만든 한 줄기 바람이 남태평양에 있는 건물을 부술 수 있다는 '나비 효과'를 주장합니다. 이것은 바람이 이동하며 또다시 다른 바람들을 '연결'해 결국 엄청난 힘을 발휘할 수 있다는 주장입니다. 여기서 생태학적 세계관인 '연결' 개념과 만납니다.

호주의 에코페미니스트 발 플럼우드Val Plumwood는 악어의 공격을 받은 경험을 바탕으로 인간도 먹이사슬의 일부라는 것을 깨닫고, 인간과 비인간을 구분했던 근대적 사유 체계에 도전합니다. 한편 프리초프 카프라Fritjof Capra는 생명의 속성을 다른 존재와의 연결로 정의합니다. 예를 들어 세포는 자신과 맞닿아 있는 세포가 죽을 때 자신도 위험에 처한다는 것을 알고 다른 세포를 살리기 위해 움직인다고 주장합니다. 물리학자인 그는 영성을 '연결'이라고 봅니다. 우주와의 연결, 타인과의 연결 이렇게 생태학의 연결 개념과 만납니다. 생태학의 우주와의 연결, 타인과의 연결에 주목하면서 생태적 세계관을 다양한 사회적 관계로 확장합니다.

미국 생물학자 도나 해러웨이Donna Haraway는 최근 인간 중심적 세계관에서 벗어나 모든 복수종들이 상호 작용하는 '쑬루세Chthulucene' 개념을 통해 새로운 존재론을 제시하고 있습니다. 이처럼 에코페미니즘은 생태적 세계관의 특성인 내재성, 다원성, 연결의 개념을 다양한 모습으로 변주하면서 인본주의와 중심주의에 저항하며 돌봄의 가치, 연대의 새로운 전략을 펼칠 수 있는 존재론적 혁명을 이루고 있습니다.

인식론적 영역 : 여성이 인식론적 우위를 갖고 있다

개념적 영역이 생태적 세계관에 기반한 존재론적 혁명을 주장했다면, 인식론적 영역은 한마디로 표현하면, "여성들이 문제의 해결책을 더 잘 안다"는 뜻입니다. 이는 철학자 샌드라 하딩Sandra Harding이 말하는 '강한 객관성strong objectivity' 개념과 일맥상통합니다. 즉, 사회적 소수자의 시선이 문제를 더 정확하게 파악하고 해결할 수 있는 강력한 객관성을 갖는다는 주장입니다.

이 주장은 겉보기에는 여성의 생태 감수성이 뛰어나고 돌봄에 적합하다는 본질주의적 주장으로 오해될 수 있습니다. 그러나 이상화는 본질주의 논의는 검증이나 반증이 불가능하므로, 단순히 포기하기보다는 정치적으로 유의미하게 활용할 것을 권합니다. 반다나 시바는 발전 프로젝트에서 여성들이 배제되고 주변화되면서, 주류가 잊어버린 오래된 지식과 생태 지식을 보존한 것에 주목합니다.

실제 사례도 있습니다. 인도 칩코Chipko 운동에 참여했던 산골 여성들은 글을 읽거나 쓸 줄 몰랐지만, 물, 공기, 흙을 지키기 위해 나무를 보호해야 한다는 사실을 알고 있었습니다. 또한 인도 히말라야 산악 지대의 여성들은 토종 씨앗 지식과 농사법을 기록하고 전수합니다. 이들은 화학 비료나 살충제를 사용하지 않고, 식물들을 섞어 자연 살충제를 만들고, 지역의 다양한 식물을 활용해 좋은 음식을 생산합니다.

2004년 쓰나미가 발생했을 때, 인도네시아 아체 지역에서 20만 명이 훨씬 넘는 사람이 사망했습니다. 그 지역은 소금물에 젖어 죽음의 땅이 되었습니다. 그때 전 세계 과학자들이 몰려왔습니다. 그러나 그들은 소금물에 젖은 땅을 재생시키는 방법을 찾지 못했습니다. 반면, 그 지역에서 오랫동안 버려진 땅을 개간하며 살아온 여성들은 소금기 있는 땅에서도 자랄 수 있는 토종 식물 지식을 갖고 있었습니다. 즉, 인식론적 영역은 단순히 학문적 지식이 아니라, 사회적 경험과 생태적 지혜가 문제 해결에 핵심적인 역할을 한다는 점을 보여줍니다.

독일 '자급이론과실천연구소'의 마리아 미즈^{Maria Mies}와 베로니카 톰젠^{Veronika Thomsen}은 방글라데시 마을 여성들을 소개하며, 자부심을 갖고 자족하며 살아가는 그들로부터 우리에게 필요한 좋은 삶에 대한 대안을 발견합니다. 경제지리학자 캐서린 깁슨^{Katherine Gibson}과 줄리 그레이엄^{Julie Graham}은 자본주의 경제가 우리 사회를 황폐하게 한 현실에 맞서, 비자본주의적 경제를 실천하는 여성들의 사례를 모아 새로운 대안 경제를 제시합니다. 이들은 우리나라 제주 해녀들의 삶 속에서 비자본주의 경제를 발견하고 소개합니다.

"해녀들은 채취한 해산물을 초보 해녀들에게 나눠줍니다. 자기가 채취한 것을 혼자 가져가지 않아요. 이것은 자본주의 경제에서는 보기 힘든 방식입니다."

이처럼 에코페미니즘의 인식론적 영역은, 피해자 당사자나 억압받는 사람, 발전 프로젝트에서 배제된 주변화된 이들이 바로 대안을 갖고 있음을 보여주는 사례로 가득합니다.

다양성을 주장하는 에코페미니즘은 차이의 정치학

차이와 다양성을 주제로 강의할 때 종종 받는 질문은, "모든 것을 허용한다면 다국적 기업의 폭력이나 GMO 씨앗 같은 것도 허용하느냐?"입니다. 다양성을 강조하는 에코페미니즘은 겉으로 보기에는 모든 것을 허용하는 것처럼 보이지만, 실상은 소수자 운동의 한 형태입니다.

우리 사회는 인종, 계급, 장애, 성적 지향, 종교, 학벌 등을 하나의 기준으로 위계화된 주류 중심 사회입니다. 이러한 사회에서 다양성을 주장한다는 것은 곧 주류에 대한 저항이며, 소수자를 지지하는 차이의 정치학입니다. 다양성을 확보하기 위해서는 여성, 장애인, 성소수자 등 정치적 소수자의 목소리를 확장해야 하기 때문입니다.

이처럼 에코페미니즘은 다양한 목소리를 펼치는 차이의 정치학의 일환입니다. 이미 60, 70년대부터 생태운동이 시작되었지만 21세기에 들어선 오늘날 기후 위기가 더 가속화되는 이유는 무엇일까요? 중산층 백인 남성 중심으로 운동이 진행되었기 때문입니다. 기후 변화 피해 당사자인 소수자들의 목소리를 반영하지 못해서 생긴 일입니다. 생태 운동은 여성, 제3세계, 성소수자, 이주민, 장애인 등의 목소리를 중요하게 여기는 에코페미니즘을 만나 소수자성을 회복해야 합니다.

우리나라 풀뿌리 운동 안에 나타난 에코페미니즘

이어서 에코패미니즘적 개념이 우리나라 풀뿌리 운동 안에서는 어떻게 나타나는가를 살펴보겠습니다. 제가 '우리나라'라는 제한을 둔 이유는, 에코페미니즘이 보편적 이론이 아니라 시대적·지역적 맥락을 가진다는 점을 강조하기 위해서입니다. 다양한 사례가 있겠지만, 이번에는 홍천 양수 발전소 반대 운동을 중심으로 우리나라에서 에코페미니즘이 실제로 어떻게 활용되는지 살펴보고자 합니다.

강원도를 정의하는 두 가지 방식

강원도 지역은 생태 문제가 집중된 곳으로 반다나 시바가 지적한 '녹색혁명의 폭력' 사례와 유사점이 발견됩니다.

농업경제학자 신효중[2003]은 강원도 자연환경 자원의 경제적 가치를 평가했습니다. 강원도 자연환경의 총 경제적 가치는 최대 2094조 1212억 원으로 추정됩니다. 뿐만 아니라, 2005년 전국의 생태 자연도 중 1등급 지역의 52%가 강원도에 위치하고 있습니다. 비록 자연환경 자원의 경제적 가치가 시장 거래 관점, 예를 들어 관광 자원을 고려한 것일 수 있지만, 그 자체로 보전적 가치가 충분히 높은 지역임을 보여줍니다.

그러나 이러한 생태 자원들은 강원도의 개발 광풍 속에서 새로운 국면을 맞고 있습니다. 원주 녹색연합 공동 대표 박성율에 따르면, 현재 강원도는 여러 공공 갈등을 겪고 있으며 주요 사례는 다음과 같습니다.

> 골프장 난개발 / 설악산 케이블카 / 정선 가리왕산 알파인 경기장 / 동해안 신가평 송전로 / 춘천-속초 동서고속철도 / 원주 열병합 발전소 / 강릉 안인·삼척 블루파워 석탄화력 발전소 / 횡성 원주 상수원 보호 구역 해제 / 강원 산지 신재생 에너지(태양광, 풍력) / 홍천 양수 발전소 / 강원 산지 대규모 벌목과 탄소 중립 / 삼척 핵 발전소(대진 1, 2호기)

저는 막연하게 눈치는 챘지만 이렇게 많은 환경 이슈가 강원도 몰려 있는지 몰랐습니다. 강원도는 관광과 에너지 보급이라는 두 가지 평가 기준으로 개발이 진행되면서 변화를 겪고 있습니다. 춘천과 속초를 연결하는 동서고속철도가 개설되면 강원도는 수도권의 '뒷마당'처럼 접근이 용이해질 겁니다. 골프장과 설악산 케이블카 건설 재개 움직임은 관광 활성화라는 명목으로 진행되며, 수도권의 필요에 따른 변화를 강요당하고 있습니다.

또한 송전로, 열병합 발전소, 석탄화력 발전소, 신재생 에너지, 양수 발전소, 벌목, 핵 발전소 등은 모두 수도권 에너지 보급과 연계된 사업입니다. 저 역시 이전에는 수도권 중심의 에너지 정책이 당연하다고 생각했으며, 국가 운영의 효율적 정책이라는 점을 의심하지 않았습니다. 그러나 반다나 시바의 『녹색혁명의 폭력』을 읽으며 펀자브에서 발생한 사건을 접하고 나서, 제 시각은 완전히 바뀌었습니다.

지역의 도구화, 지역의 식민지화

1984년, 인도에서 시크교도 경호원이 인디라 간디 수상을 암살하는 사건이 발생했습니다. 이에 격분한 힌두교도들은 자경단을 만들어 3일 동안 시크교도 약 3000명을 보복 살해했습니다. 외부 사람들은 이를 단순히 시크교도와 힌두교도 간의 종교 갈등으로 여겼습니다. 이전에도 인도는 이슬람과 힌두교 간의 갈등으로 국가 분단을 경험했기 때문에 이런 시각이 자연스럽게 받아들여진 것입니다.

반다나 시바는 지역 여성들과 함께 설립한 독립 연구재단 '생태 자연 기술 연구재단'을 기반으로 사건의 진상을 조사하고, 『녹색혁명의 폭력』이라는 보고서를 작성하여 국제 사회에 이름을 알렸습니다. 그녀는 이 사건의 중심에는 종교 문제가 아니라, 펀자브Punjab 지역을 인도의 식량 식민지로 만든 '녹색혁명'이 있다고 주장했습니다.

미국발 녹색혁명을 수용한 인도 정부는 곡창 지대인 펀자브에 산업형 농업을 도입했습니다. 펀자브 지역 농부의 대부분은 시크교도였습니다. 단일 작물 위주의 농업, 개량 씨앗, 농약 사용, 농기계 구입 등에 큰 비용이 들었고 생산량은 증가했습니다. 그러나 농민들은 농산물 가격을 결정할 권한이 없었고, 결국 막대한 빚에 시달리게 되었습니다. 과도한 농약 사용으로 농민들은 정신 질환, 암에 걸렸으며 피폐해진 생활 속에서 마약 중독도 늘어났습니다. 펀자브 지역 농민들은 부유해질 것을 기대했지만, 실제로는 인도 전역의 식량 식민지가 된 셈이었습니다. 농민들은 중앙 정부, 인디라 간디 정부에 그들의 권리를 주장하며 독립을 요구했으나, 인디라 간디는 무력으로 시크교도 사원을 진압하며 갈등을 심화시켰습니다.

저는 그동안 '식민지'라는 개념이 국가 간의 문제라고만 생각했지만, 이 사건을 통해 지역이 수도권이나 중앙 권력의 식민지로 전락할 수 있다는 것을 알게 되었습니다. 외부의 필요에 따라 변화를 겪고 있는 강원도가 자율권을 회복하지 못한다면, 강원도는 에너지 식민지, 관광·유흥 식민지로 전락할 것입니다. 이는 '경제 개발'만이 옳다는 발전 근본주의로 인해 강원도의 다양한 가치가 훼손되고 있는 현실을 보여 줍니다.

홍천 양수 발전소 사례를 통해 살펴본 강원도의 식민지화

홍천의 양수 발전소pumped storage hydroelectricity는 수력 발전소의 일종으로, 재생 에너지의 한 종류라고 사람들은 생각합니다. 원리는 간단합니다. 높이가 다른 두 개의 댐을 두고, 전력이 남을 때 하부 댐에서 상부 댐으로 물을 퍼 올립니다. 전기가 필요할 때는 물의 낙차를 이용해 빠르게 전기를 생산하는 것입니다.

하지만 양수 발전소가 석탄 발전소와 핵 발전소의 '보조 발전소' 역할을 한다면, 과연 이것을 재생 에너지라고 부를 수 있을까요? 특히 핵 발전소는 전기 출력 조정에 시간이 많이 소요되고 비효율적이어서, 과잉 전력이 발생하면 블랙아웃 현상이 나타납니다. 그것을 막기 위해서 전기를 사용해야만 하는데 이때 양수 발전소가 필요합니다. 저녁에 물을 상부 댐에 올리고 낮에 전기를 생산하지 않고 그냥 흘려 내려보내야 할 때도 비일비재합니다.

우리나라는 파리협약에 따라 2050년까지 탄소 배출을 줄이겠다고 약속했습니다. 이에 따라 석탄 발전소를 줄이고, 고준위 핵폐기물이라는 짐을 미래 세대에 넘기지 않기 위해 핵 발전소를 줄여야 하는 시대적 과제를 안고 있습니다. 그런 상황에서, 핵 발전소나 석탄 발전소의 보조 장치 수준에 불과한 양수 발전소 설치는 논리적으로 모순이며, 환경적·정치적 과제 해결에 도움이 되지 않는다고 볼 수 있습니다.

문재인 정부는 2017년 에너지 전환 로드맵을 발표하며, 2030년까지 재생 에너지 비중을 20% 높이겠다고 밝혔습니다. 그러나 동시에 전력 수급의 기본 계획에 양수 발전소 건설을 포함시킵니다. 이는 탈탄소와 탈핵이라는 시대적 흐름에 역행하는 결정입니다.

최근에는 태양 에너지와 같은 재생 에너지의 변동성을 보완하기 위한 장치라고 말을 바꿔 이야기합니다. 뒤로 물러서지 않고 이유를 둘러대고 있습니다. 더구나 한국수력원자력 자료에 따르면, 양수댐은 매년 약 1600억 원의 사업 적자를 기록하고 있습니다.

한마디로 양수 발전소를 충전기로 사용하지만 실질적으로 크게 남는 사업은 아니라는 말입니다. 게다가 최근에는 에너지 저장 장치ESS가 개발되어 전 세계적으로 2025년 상반기에만 그 수요가 54% 증가했다고 합니다. 안전하고 오래가는 저장 장치가 더욱 값싸게 만들어질 전망입니다. 그런데 왜 멀쩡한 산을 깎고 1조 5000억이라는 예산을 쓰는 걸까요?

또한 상부 댐 건설을 위해, 생태 자연도 1급으로 평가된 지역마저 개발 가능한 지역으로 재평가하여 개발을 시도하고 있습니다. 발전소가 들어서면 송전소 건설이 뒤따르면서 지역 환경은 또다시 훼손됩니다. 환경운동가 박성율은 "이 모든 것이 시대적 흐름에 역행하고, 경제적 손실을 내며, 환경을 훼손하는데도 왜 양수댐 건설을 지속하는가?"라고 문제를 제기합니다.

기업의, 기업에 의한, 기업을 위한

반다나 시바는 국제 무대에서 반GMO 운동을 벌이며, 기업들의 그럴듯한 거짓말을 지적합니다. 기업들은 GMO를 개발하면서 "인류의 식량 문제를 해결할 것"이라고 주장하지만, 실제로는 농부들이 자유롭게 채종해 얻을 수 있는 씨앗마저 기업의 소유로 전환되고 있습니다. 시바는 현대 사회에서 국가는 '국민에 의한, 국민을 위한, 국민의 국가'가 아니라 '기업에 의한, 기업을 위한, 기업의 국가'가 되어버렸다고 비판합니다.

강원도 양수 발전소 문제와 관련해, 환경운동가 박성율은 양수 발전소가 본래의 목적을 상실했음에도 여전히 한수원과 토건 기업들의 이권을 위해 추진되고 있다고 비판합니다. 주민들은 찬성과 반대로 나뉘어 갈등을 겪고, 때로는 물량 공세, 협박, 회유, 매수까지 동원됩니다. 박성율은 이를 멈출 수 있는 것은 정부와 지방자치단체의 책임 있는 정책뿐이라고 강조합니다. 실제로 홍천군이 마음먹으면 언제든 공사를 멈출 수 있습니다.

강원도는 자연환경과 생태적 가치가 뛰어나며, 우리나라의 허파 역할을 하고 있습니다. 이를 개발하겠다는 것은 '황금알을 낳는 거위의 배를 가르는 것'과 다름없습니다. 박성율은 자신을 단순히 '지역 활동가'라고 부르지 말아 달라고 말합니다. 강원도는 독립된 자치 지구이자, 동시에 우리나라 전체 환경을 지켜내는 중요한 교두보이기 때문입니다. 친환경 재생 에너지라는 이름으로 진행되는 양수 발전소, 벌목, 삭목 등을 방치해서는 안 됩니다. 기업들이 교묘한 말로 틈새를 파고드는 전략을 파악하지 못하고, 오히려 이권을 나누며 자연과 지역 주민을 지키지 못한다면, 강원도의 환경은 삽시간에 위태롭게 무너질 수 있습니다.

에코페미니스트 반다나 시바는 '현장'의 중요성을 강조합니다. 농업에 대해 농부가 가장 잘 아는 것처럼, 각 지역의 문제는 그 지역 활동가들이 가장 잘 알고 있다는 것입니다. 저는 박성율과 지역 활동가들을 인터뷰하며, '밀양의 송전탑' 아래서 싸웠던 할머니들, 새만금 개발로 파괴된 갯벌, 해군 기지가 된 제주 강정마을 등, 지역과 자연을 훼손한 다양한 사례들이 떠올랐습니다.

지난 8년 동안 풍천리 주민들은 홍천 군청 앞에서 양수 발전소 반대 시위를 이어왔습니다. 그러나 2025년 8월 말, 산업통상자원부는 홍천 양수 발전소 건설 사업 실시 승인을 고시했습니다. 주민들은 매주 금요일 모이는 집회뿐 아니라 1인 시위에도 나섰습니다. 시민들은 새로 취임한 대통령을 찾아가기도 하고, 무더위 속에서 국정기획원을 방문하기도 하며, 같은 보폭으로 꾸준히 양수 발전소 반대 운동을 이어가고 있습니다. 그러나 2026년 1월부터 공사를 시작하겠다고 합니다.

에코페미니즘의 지혜를 통해, 홍천 마을 사람들이 겪는 고통을 이해하고 지금 소중한 것은 관광 개발이나 자원 개발이 아니라 생태를 살리고 자연과 함께 살아가는 전환임을 세상에 알리는 것이 시급합니다. 홍천 양수 발전소 건설에 맞서 싸우고 있는 허순히 씨는 말합니다.

"양수댐 건설은 공익 사업이라잖아요? 이 장소를 선택한 건 자연 조건 때문이라고 하지만, 사실은 우리가 만만하니까 선택한 거예요. 쫓아내기 쉬울 거라고 본 거죠. 잣나무를 베어 생존을 위협해놓고, 관광 자원, 경제 활성화라는 말을 해요. 공사가 시작되면 대형 차량이 이 아름다운 풍천리로 들어오고, 분진과 소음을 일으키죠. 감당하려고 해도 공사 기간만 무려 12년이에요. 제가 여든 살을 바라볼 때 공사가 끝나는 거죠. 이런 게 전쟁 아닌가요? 사람들은 우리가 돈 더 받으려고 시위한다고 말해요. 하지만 우리는 돈이 아니라 자연을 지키려는 거예요."

국가 폭력 앞에서도 그는 기죽지 않습니다. 더 단단해지고 강해지며 진화하는 홍천 양수 발전소 반대 활동가들의 이야기가 신화처럼 이야기될 날이 오기를 기대합니다.

6강

기후 활동가가
된다는 건?

권우현,
강은빈

환경운동의
지향과 가치를 고민하다

권우현

환경운동연합 활동가

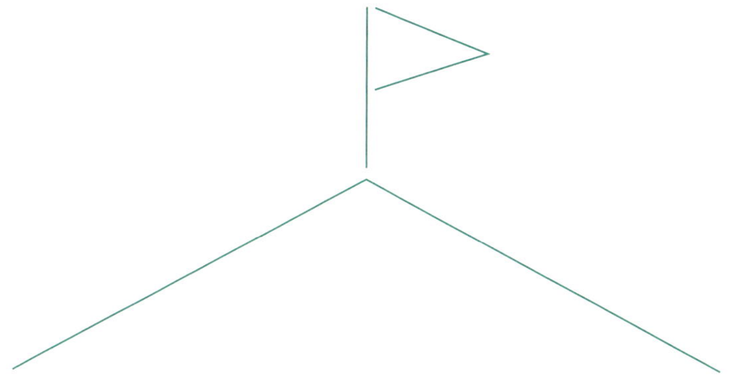

환경운동연합 활동가 권우현입니다. 올여름에는 비가 많이 왔습니다. 해마다 겪는 일이지만 폭염과 집중 호우로 많은 피해가 있었고 이로 인해 기후 위기에 대한 경각심이 커졌습니다. 오늘 제가 드릴 말씀은 '기후 활동가로 살아가기'입니다. 저로서는 쉽지 않은 주제예요. 기후 위기 에너지 전환에 관한 주제와 달리 '내가 왜 기후 활동가가 됐지?', '기후 활동가는 어떤 일을 하지?', '우리가 활동가로서 어떤 세계를 마주하고 있지?' 같은 저의 존재에 관한 질문과 마주해야 하기 때문입니다.

환경운동은 왜 늘 패배하는가

저는 학생일 때 NGO나 시민 단체에서 일해야겠다는 생각이 있었습니다. 일반 기업보다는 그쪽이 적성에 맞을 것 같았어요. 그렇다고 해서 거창한 꿈이 있었던 건 아닙니다. 경험 삼아 1년쯤 해보자 싶어서 들어갔다가 7년째 이 일을 하고 있어요.

환경 단체에서 일하면서 제 삶의 많은 부분이 바뀝니다. 생명과 자연을 오래 바라보게 되면서 때로 나와 자연 생태계의 현실을 동일시하며 마음과 몸이 아프기도 했죠. 어릴 적에는 환경운동에 대해 일종의 부채감을 갖고 있었습니다. 제가 활동가가 아니던 시절에 본 환경운동은, 늘 패배하는 것이었어요.

4대강 사업 반대 투쟁을 열심히 했지만 결국 못 막았습니다. 강바닥은 파헤쳐지고 생태계는 파괴되었어요. 대형 골프장, 발전소 건설도 막지 못했습니다. 핵 발전소도 정부는 탈원전을 선언했지만 신고리 5·6호기 신규 건설이 허가됐습니다. 밀양 송전탑 사태도 해결되지 못했죠. 이런 일련의 사태를 지켜보면서 좌절감도 느꼈지만, 한편으로는 의미 있는 경험이 될 수도 있다고 생각했어요. 부당함에 맞서 싸운 사람들이 있었고 그들이 남긴 발자취는 결코 무의미하지 않다는 거죠. 그때의 기록이 우리 사회의 자산이 될 거라고 믿었어요. 나도 그들 옆에 서고 싶다, 함께라면 패배해도 좋다는 생각이 들었습니다.

제가 처음 기후운동을 시작할 때는 삼척 지역을 포함해서 전국적으로 석탄화력 발전소 7기가 신규 건설 중이었습니다. 지금은 모두 완공되었어요. 결과적으로 하나도 막아내지 못했지만, 당시 함께했던 활동가들은 그때의 기억을 밑천 삼아 싸움을 이어가고 있습니다.

환경운동의 지향과 가치를 고민하다

저는 학창 시절부터 자본주의에 관한 거부감이 있었어요. 돈이 모든 걸 결정하는 사회가 바람직하지는 않잖아요. 그래서 오늘날 자본주의를 공고히 하는 데 큰 역할을 하는 신자유주의에 어떻게 균열을 낼 수 있을까 하는 문제의식이 있었고, 그 안에서 생태주의에 눈을 돌리게 되었습니다.

신자유주의의 핵심은 대량 생산과 대량 소비를 통한 자본의 순환입니다. 생태주의는 여기에 포섭되지 않아요. 대규모

개발과 성장에 반대하는 흐름이 있습니다. 자본주의는 포섭력이 강해서 다른 여타의 비판적 운동을 자기 안으로 흡수하는 경향이 있어요. 예를 들어서 과거 사회주의자들이 주장했던 복지와 분배 정책을 받아들여 사회 안전망을 구축했습니다. 그러면서 자본주의는 계속 강화됐어요. 하지만 생태주의는 어렵다고 생각했습니다. 다소 순진한 기대가 있었던 거예요. 최근 상황을 보면 자본은 엄청난 속도로 생태주의를 포섭하고 있습니다. 대표적인 것이 경영에 생태주의를 반영한 ESG나 RE100 같은 것들이죠. 물론 이 부분은 저희 환경 단체에서 계속 요구하는 바이기도 하지만, 기업이 이를 받아들이면서 생명을 연장하려는 것도 사실이에요.

환경운동에 관심을 가지면서 또 다른 고민이 생겼습니다. 환경 단체도 다양성이 존재하거든요. 이를테면 어떤 곳은 심층 생태론적인 원칙을 중요시하지만 또 어떤 곳은 대중적인 실천을 목표로 합니다. 보기에 따라 개량적이거나 타협적으로 비칠 수 있죠. 작지만 활발한 단체도 있고 수십 개의 지역 조직을 가진 거대 단체도 있습니다. 각각 장단점이 있었어요. 조직이 작으면 기민하게 움직일 수 있지만 영향력이 부족할 수 있습니다. 반대로 크면 많은 일을 할 수 있지만 관료적으로 움직일 가능성도 있죠. 이런저런 고민을 계속하다가 마침

내 환경운동연합에서 일하게 되었습니다.

들어와서 보니 한국에서 전국 조직을 가진 거의 유일한 시민 단체였어요. 전국 조직이기에 지역 현안을 살펴볼 수 있었고 이를 전국 의제로 만들 수 있었습니다. 다양한 가치를 가진 사람들이 넓은 의미의 '생태주의'라는 공통된 관심사로 모였고 이것이 우리 사회의 커다란 자산이 될 거라고 생각했어요. 청년 세대나 아직 도래하지 않은 미래 세대에 이러한 시민 사회의 자산이 전달되기를 희망했습니다. 그런 의미에서 더 많은 청년이 환경 단체에서 활동할 기회가 있었으면 좋겠다는 생각도 했고요. 어쨌든 그런 마음으로 열심히 활동하다가 1년 6개월쯤 지나서 그만두고 싶어졌습니다. 제 가치관과 현실 운동이 충돌하면서 찾아온 위기였어요.

당시 제가 환경운동연합 에너지기후국 소속이었는데, 당시 이런 주장들이 펼쳐지고 있었습니다. '재생 에너지의 시장성과 기술력도 좋아지고 있으니 석탄화력 발전소나 핵 발전소를 자연스럽게 대체할 수 있다. 그러니 여기에 대한 목표치를 늘려야 한다.' 저는 이런 식의 시장주의적 관점이 생태주의와 충돌한다고 생각했어요. '정말 새로운 시장이 기존 시장을 대체하고, 기술이 이를 유도한다면 우리 운동의 가치는 무엇인가?' 하는 의문이 들었습니다. 녹색 기술이 확대되고 재생 에너지 시장이 커져서 환경 문제가 해결된다면 운동이 할 일이 별로 없잖아요.

기후위기비상행동 이후 달라진 삶

그 무렵 전국적 연대체인 '기후위기비상행동'이 꾸려졌습니다. 당시 유럽에서는 그레타 툰베리의 활동이 주목받고 있었어요. 미래를 위한 금요일Fridays for Future, FFF, 즉 기후 위기 대응을 촉구하는 전 세계적인 청소년 연대 시위가 벌어지고 있었죠. 한편에서는 멸종 저항Extinction Rebellion이라는 국제 환경 단체가 다양한 활동을 벌입니다. 한국에서도 대규모 기후 집회가 열리죠. 그러면서 기후 위기를 단순히 환경 문제의 일부로 여기기보다 이를 계기로 사회 전체의 문제를 포괄하는 운동으로 확산하려는 흐름이 생깁니다. 기후 운동이 젠더와 노동, 농업, 인권, 사회 불평등 문제 해결을 위한 총체적인 사회운동으로 성장하게 된 거예요. 기후위기비상행동이라는 연대체가 꾸려진 목적이 그것이었습니다.

상황이 이렇게 되면서 제 마음이 바뀌기 시작했어요. 기후 운동을 계속해볼 만하다고 여겨졌습니다. 새로운 지향이 생기면서 운동의 가치를 새삼 느꼈어요. 이후 기후위기비상행동과 기후정의행진 등에 집행위원으로 참여하면서 운동을 이어가게 되었습니다. 2019년을 기점으로, 그전에는 저를 스스로 환경운동가로 정의했다면 이후부터는 '기후 활동가' 혹은 '기후 정의 활동가'로 여기게 되었습니다.

그러면서 지난 7년간 많은 활동을 했습니다. 활동가가 되면 보통의 직장에서는 하지 못하는 특별한 경험을 하게 됩니다. 한번은 정부 청사 앞에서 기자 회견을 했는데, 정작 기자들이 한 명도 없어요. 우리 미디어 활동가들이 앞에서 사진도 찍고 예정대로 행사를 진행했지만 외롭기는 했어요. 각종 논평이나 성명을 내고, 때로 그 내용을 정부나 국회에 전달합니다. 법률 검토를 거쳐 정책 제안의 형태로 만들죠. 기후 행동학교 같은 대중 강연을 기획하고 시민들과 만나는 일도 합니다.

재미있는 일도 많았어요. 환경운동연합 건물이 서촌 쪽에 있습니다. 한가운데 마당이 있는데 여기를 어떻게 활용할까 고민하다가 DJ들을 불러서 파티를 열었어요. 사전에 함께 해양 생태계와 해양 보호 구역이나 에너지 전환에 대해서 공부했습니다. 고래를 보호하자는 메시지와 에너지 전환의 희망을 담은 노래를 믹스해서 틀고 중간중간 구호도 외치면서 파티를 즐겼습니다.

의제별로 보면 그동안 핵 발전소, 석탄 발전소 건립을 반대하며 싸움도 하고, 농민 단체와 함께 농업과 재생 에너지의 공존 방안을 모색하는 자리를 가졌습니다. 노동조합과 정의로운 전환을 고민하면서 많은 이야기를 나누었어요. 그 안에서 많은 것을 배울 수 있었습니다. 최근에는 세 가지 사안에 집중하고 있습니다.

해마다 가을이면 '기후정의행진'이 열립니다. 2025년은 9월 27일입니다. 점차 한국 사회운동의 대축제처럼 자리매김하고 있는 행사에 집행 위원으로 참여하여 여러 기획을 하고 있습니다. 기후정의행진은 2019년에 있은 기후위기비상행동 집회가 계기가 되었습니다. 당시 5000여 명이 모였는데, 이는 기후·환경 의제로 열린 집회로서는 역사상 최대 인파였어요. 당시 집회 팀장이었던 저는 이러한 사실에 크게 고무되었습니다. 이후로 열기를 계속 이어 나가 해마다 집회를 열기로 했어요. 그런데 이듬해인 2020년에 뜻밖의 장애물을 만납니다. 바로 코로나19 팬데믹 사태였어요.

사회적 거리 두기가 실행되면서 2년 동안 휴지기를 거쳤다가, 2022년에 다시 기후정의행진을 벌입니다. 이때 약 3만 명이 참여해요. 그 사이에 기후 정의에 대한 관심이 폭발적으로 늘어난 거예요. 지금도 해마다 그 정도 인원이 모여 각자의 문제의식을 나누는 행사를 하고 있습니다.

두 번째는 주차장 태양광 의무화법 제정 캠페인입니다. 환경운동연합에서 기획하고 준비한 사업으로 제가 담당자로 역할을 했습니다. 그 결과 2025년 5월에 전국 공영 주차장에 태양광 발전기 설치를 의무화하는 법안이 만들어집니다. 법이 제정되면 시행령이 나오고, 지역의 조례들로 이어지기에 이 부분도 잘 살펴보아야 해요. 그래서 지자체에서 지역 특성에 맞게 규정을 잘 만들고 있는지 점검하는 일을 하고 있습니다.

세 번째는 기후 시집 기획과 제작입니다. 환경운동연합을 포함해서 환경운동 단체들은 오랫동안 '운동의 언어'로 말해 왔어요. 예를 들면 이런 거죠. "공영 주차장에 태양광 발전기를 설치하라!", "정의로운 전환 보장하라!" 그런데 이는 일반 시민 정서와는 조금 떨어져 있는 감성이거든요. 우리가 감각하는 기후 위기를 시적 언어로 표현하면 어떨까 하는 생각을 했습니다. 시를 통해 공통의 감각을 공유한다면 좀 더 많은 사람이 우리의 가치에 동참하지 않을까 싶었습니다. 그래서 시인 여덟 분과 함께 공동으로 기획했어요. 사전 작업의 일환으로 여러 기후 현장도 방문했습니다.

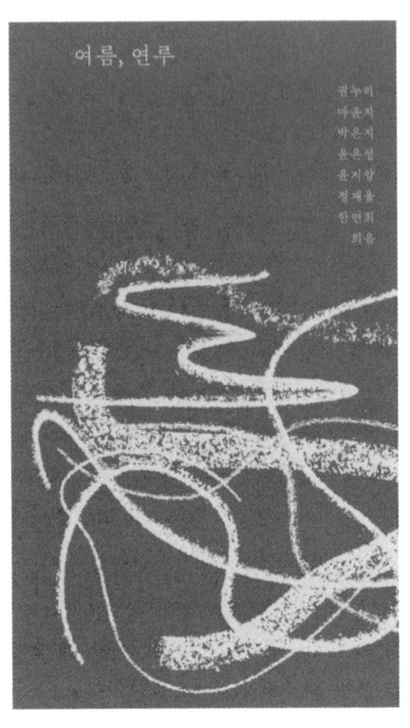

가덕도 신공항이 건설되면서 사라질 위기에 처한 동백숲을 돌아보고 경주 월성 원전 인근에서 이주 대책을 요구하는 주민들을 만났습니다. 화성 습지에 찾아가서 나그네새들을 관찰하고, 이 근처에 신공항이 생기거나 군 폭격장이 계속해서 유지될 경우, 해양수산부에서 발표한 블루카본 사업해양 생태계를 이용한 탄소 흡수·저장 계획 같은 것이 계속되었을 때 무슨 일이 벌어질지 등을 이야기했어요. 이런 경험들을 시의 언어로 공유하면 좋겠다는 취지였습니다. 이상의 것들이 제가 처음 기후

기후 위기를 걱정하는 당신을 위한
기후 학교

활동가가 된 이후 펼쳐온 활동들이에요.

연결과 소통으로 서로를 살리는 삶

기후 위기 대응은 인간인 나를 포함해서 비인간 생명인 타자를 살리는 일입니다. 이를 풀어나갈 열쇠는 온실가스 감축에 있어요. 여기에는 전환이 필수적입니다. 화석 연료를 재생 에너지로 바꾼다거나 각종 인프라나 사회 안전망을 구축해야 합니다. 그래야 소수자가 피해를 보지 않는 '정의로운 전환'이 실현될 수 있어요. 저는 기후 위기 대응을 정의로운 전환과 살림이라는 두 가지 측면에서 고민하고 있습니다.

그런 의미에서 보자면, 앞서 잠깐 말씀드렸듯 기술과 시장으로 해결하려는 관점은 비판받아 마땅해요. 기후 위기 시대에 발생할 여러 사회 불평등의 문제를 간과하기 때문입니다. 온실가스 상당 부분을 경제적 상위 계층이 배출하지만 그 피해는 하위 계층이 훨씬 많이 봅니다. 산업 전환 과정에서 여성, 농민, 노동자의 삶이 위협받을 수 있어요. 예컨대 내연 기관차나 석탄 발전소가 사라지면 그동안 여기에 종사하던 노동자들이 일자리를 잃습니다. 이런 문제를 고민하지 않고 온실가스 배출량 자체에만 초점을 맞추어서는 안 된다고 생각해요. 오늘날 기후 위기는 오로지 기후만의 문제가 아닙니다. 필연적으로 운동성과 사회적 쟁점 그리고 정치성이 개입하기 마련이에요.

역사적으로 볼 때 우리나라의 환경운동은 1987년 민주화운동 이후 전개된 시민운동에 뿌리를 두고 있습니다. 정치 투쟁이 부문 운동으로 세분화하면서 환경과 만나게 되었는데요. 이후 기후와 생태, 전환이라는 이슈가 우리 삶과 밀접해지면서 시민들의 참여와 환경운동의 역량이 강화됩니다.

이때 우리가 조심해야 할 것이 환경운동을 다른 부분 운동과 분리해서 생각해서는 안 된다는 점입니다. 환경 문제를 노동이나 농민 문제와는 별개로 본다거나 상대적으로 젠더 문제에 소홀히 할 위험성이 있잖아요. 여성 단체, 농민 단체, 노동조합이 알아서 할 일이지, 우리 영역은 아니라고 생각했다가는 한국의 시민 사회 역량 전체를 떨어뜨리는 결과를 초래하게 돼요. 애초에 거대한 시민운동의 물줄기에서 시작되었듯이 연대와 소통이 꼭 필요합니다.

또 다른 하나는 환경운동이 대중화되고 조직이 커지면서 맞닥뜨리게 되는 관료화의 문제입니다. 덩치가 커지다 보면 급진적인 목소리나 새로운 시각에 둔감해질 수 있어요. 이를 내세운 기후 단체나 환경 단체가 등장했을 때 그들과 갈등이나 긴장감이 형성될 수도 있고요. 그래서 저는 새로운 목소리와 어떻게 적절하게 서로 균형을 맞출 것인지, 때로 그들을 지원하는 하나의 플랫폼으로 기성 환경운동 단체가 기능할 방법은 무엇인지 등을 고민하고 있어요.

마지막으로 드릴 말씀은 미래 세대에 대한 부채 의식입니다. 여기서 미래 세대는 아직 동시대 지구에 도래하지 않은 인간과 비인간 모두를 아우릅니다. 그동안 환경운동가로서 많은 일을 했지만 그들에게 빚을 지고 있다는 생각을 떨칠 수가 없습니다. 어쩌면 이는 환경운동의 숙명인지도 몰라요. 기후 위기는 이미 시작되었고, 내일 당장 온실가스 배출량이 '0'이 되더라도 재난은 멈추지 않을 것이라는 점이 우리를 힘들게 하죠. 가속화되는 위험 속에서 우리는 너무나 많은 생명의 소실을 경험하게 될지 모릅니다. 저 역시 기성세대로서 이를 목격하는 사람, 혹은 그 원인과 연루된 사람으로서 살아가게 될지 몰라요.

숲이 사라지고 기후 재난에 희생되는 사람이 늘어나는 장면을 보면서 살아가는 게 앞으로 우리 삶의 기본값이 될지도 모른다는 불안이 있습니다. 그러나 이를 절망이나 우울로 받아들이고 싶지는 않아요. 현실을 외면하지 않으면서 빚진 마음을 책임감으로 대신하고자 노력 중입니다. 어떤 실천이 우리를 좀 더 생태적으로 만들지 고민하고 있어요. 기후 위기 시대의 윤리적 태도를 정립하고 우리의 연결성을 확인하는 태도와 자세로 서로를 돌보는 삶과 운동을 꿈꾸고 있습니다. 그렇게 지금 제 삶이 더 나은 사회를 만들어나가는 동력이 되었으면 합니다.

우리는 왜
행동할 수밖에 없었는가?

강은빈

청년기후긴급행동 활동가. 대학에서 정치외교학을 공부하다 4학년 때 졸업장을 거부하고 기후운동에 뛰어들었다. 기후 위기를 직면한 이후 삶의 BAU(Business As Usual: 현상 유지라는 뜻으로 기후 정책 용어 중 '온실가스 배출 감축을 위한 특별한 조치를 취하지 않는 경우'를 의미함)를 벗어나겠다는 이유에서였다. 2021년 한국의 베트남 석탄 발전소 수출 반대 행동 이후 4년여간 재판을 마치고 청년기후긴급행동 멤버들과 함께 〈법정에 선 기후 활동가들: 붕앙재판 여정기〉 연구 보고서를 발간했다. 현재 국내 마지막 석탄 발전소가 건설된 강원도 삼척에서 생활하며 석탄 발전소의 조기 폐쇄와 정의로운 전환을 준비하고 있다. 더 많은 사람이 삼척과 같은 소도시에 정착해 지역 공동체를 함께 일구어가기를 소망한다.

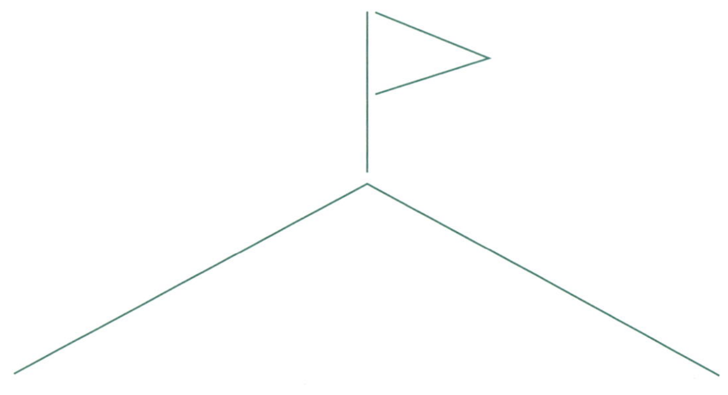

정치학도에서 기후 활동가로 진로를 바꾸다

청년기후긴급행동에서 활동하고 있는 강은빈입니다. 2020년 기후 운동을 시작한 이후 다양한 기후 위기 현장을 만나 사회 연대 및 공동체 활동을 했고, 재판을 치르기도 했어요. 기후 위기에 대응하는 활동가로서 삼척에서 살게 되기까지의 제 이야기를 전해드리려고 합니다.

제가 기후 위기에 관심을 갖게 된 건 2019년이었어요. 그때는 포털 사이트 검색창에 '기후 위기'라는 네 글자를 검색해보면 나오는 결과 창이 겨우 한두 페이지에 불과했습니다. 지구 온난화, 기후 변화 이런 단어들은 꽤 널리 알려졌지만,

기후 위기의 심각성을 알리기 위해 도로에 누워 시위를 벌이는 청년들의 모습 (2022년 9월 24일).

기후 위기는 상대적으로 생소한 말이었습니다. 그래서 당시에 저는 청년기후긴급행동에서 만난 사람들과 함께 기후 위기라는 개념 자체를 알리는 데 주력했습니다. 한편으로는 기후 위기를 부정하는 여론에 맞서는 운동이 필요하겠다는 생각이 있었습니다. 지금은 상황이 크게 달라졌죠. 그 사이에 기후 변화 현실에 대한 대중들의 경각심이 높아지기도 했고 실제로 코로나19 팬데믹 사태 같은 전 지구적 재난과 폭염,

폭우, 대형 화재 같은 기상 이변이 있었습니다. 이제는 많은 사람이 기후 위기를 절감하고 있어요.

이런 상황을 지켜보면서 제가 기후 운동가가 되겠다고 결심하기까지 여러 고민들이 있었는데요. 우리가 앞으로 살아가야 할 시대는 불안정성이 크게 작용한다는 점이 특히 우려스러웠습니다. 정치·경제·사회적인 변동이 심해진 상태에서 기후 위기가 더해지면서 불안이 증폭되고 있는 것이 현실입니다. 그랬을 때 가만히 있을 수만은 없다는 생각이 들었어요. 기성세대나 기득권을 가진 사람들에게 우리 미래를 책임져 달라고 호소하는 건 의미가 없어 보였습니다. 결국 현장에서 직접 몸으로 부딪치면서 기후 위기 시대의 해법을 찾아야 한다는 결론에 이르게 되었습니다.

정치외교학을 전공하던 학생 때의 제 꿈은 기후 위기와는 다소 거리가 멀었어요. 1950년에 일어난 한국 전쟁이 왜 여전히 끝나지 않을까? 하는 질문을 품고 한국 전쟁과 분단 체제의 종식에 기여하는 학자가 되고 싶었습니다. 그래서 대학 졸업 후 대학원에 진학할 계획이었어요. 내향적인 성격인 데다 호기심도 많고 분석하기를 좋아하니, 그런 방식으로 세상에 기여할 수 있겠다 싶었습니다. 그런데 어느 날 기후 위기를 알게 되고, 한반도의 평화만이 아니라 지구 공동체를 생각하며 행동하는 사람들이 필요하다는 생각을 하게 되면서 기후 운동에 적극 동참해야겠다고 방향을 틀었습니다. 물론 지금도 대학생 때의 꿈을 품고 있지만요.

우리는 왜 행동할 수밖에 없었는가?

2019년 기후위기비상행동 집회가 국내에서 처음 열렸는데, 그게 제 삶에서도 처음이었어요. 당시 학생이던 저는 우연히 포스터를 접한 후 피켓도 준비하지 않고 집회 장소로 향했습니다. 수천 명의 인파와 함께 각계각층의 생생한 발언도 듣고, 참여 단체가 마련한 부스를 구경하면서 기후운동이 무엇인지 조금이나마 알게 되었어요. 그러면서 적극적으로 기후 위기에 대응하는 활동을 해보자고 마음먹게 되죠. 이듬해인 2020년에 청년기후긴급행동이 결성됩니다. 자발적으로 모여서 회의하고 토론하고 운동하는 단체인데, 당시 대학생이던 저도 여기에 창립 시기부터 발을 들이게 됩니다. 이후 현재까지 쭉 청년기후긴급행동 소속으로 활동을 해나가죠. 사실 저는 처음부터 적극적으로 활동하지는 않았는데요, 제가 활동에 깊이 참여하게 되었던 계기가 하나 있었습니다.

기후 위기가 한창 이슈화되던 2020년, 한국이 인도네시아와 베트남에 석탄화력 발전소를 수출하는 사업을 검토하고 있다는 소식을 접하게 되었어요. 국내에서는 탈석탄을 하겠다고 하고 에너지 전환 등을 논의하면서 이웃 나라에는 온실가스를 내뿜는 석탄 발전소를 판다는 사실이 도무지 납득되지 않았습니다. 삼성물산이나 두산중공업 같은 대기업에게 수익을 안겨주고 정부가 나서서 엄청난 돈을 들여 이들의 진출을 돕는 모습을 보면서 의구심이 들었습니다. "기후 위기에는 국경이 없는데, 국민들 앞에서는 기후 위기 대응을 말하면서 다른 나라에는 석탄 발전소를 지어주고 돈을 벌겠다고?"

우리가 아무리 탈석탄을 외쳐도 실제로 예산을 집행하고, 정책을 결정하는 권력자들은 철저히 이를 외면하면서 위기를 가속화하는 데 앞장서고 있다는 걸 깨달았어요. 대다수 국민은 우리가 먹고살려면 또는 국익을 위해서라면 어쩔 수 없다는 식의 논리에 길들여진 상태였습니다. 기후 위기 대응에 대한 사회적 우선순위를 높이기 위해서는 이런 지점을 정면 돌파해야 한다고 생각했고 그만큼 기후운동이 중요하다는 결론에 다다랐어요. 그래서 동료들과 함께 석탄 발전소 수출 문제를 제대로 다뤄보기로 했습니다.

자료를 살펴보고 토론하면서 이러한 정책의 부당함을 어떻게 알리고, 어떻게 막아낼지를 논의했어요. 목표는 수출 검토 단계에서 멈추게 하는 것이었습니다. 당시 국내외에서 많은 환경 단체가 반대했고 신문 광고를 내기도 했습니다. 그런데도 결국 2020년 10월 사업 승인이 났어요. 그렇다고 물러설 수는 없었죠. 저희는 석탄 발전소를 수출해서 돈을 버는 기업을 상대로 행동에 나서기로 했습니다. 마침 수출 기업 중 하나인 두산이 분당에 으리으리한 신사옥을 지었다는 소식을 접했습니다.

2021년 2월, 두산중공업^{현 두산에너빌리티}이 친환경 에너지 기업이라며 한창 자사를 홍보하던 때였어요. 그래서 저희가 그 건물에 있는 로고 조형물에 녹색 스프레이를 뿌리기로 합니다. 법적 책임을 감수해야 한다는 부담이 있었지만, 행동을 통해 얻게 되는 것들이 더욱 중요했어요. 사옥 한복판에서 소동을 피우게 된다면 기업 측에서도 우리의 목소리를 무시할 수 없게 될 것이고, 한국 사회에 이런 문제의식을 가진 사람들이 존재한다는 사실을 더 많은 이에게 알릴 수 있다고 생각했습니다.

사전에 현장 답사를 갔습니다. 보안 요원들이 두세 명씩 서 있더군요. 두산 사옥 바로 옆 건물이 분당경찰서라서 금방 붙

잡히겠다 싶었습니다. 직접 행동 당일에는 점심시간을 틈타 현장에 도착하자마자 곧바로 행동에 들어갔습니다. 다행히 저지당하지 않고 계획한 행동들을 전부 실행할 수 있었어요. 정문에 설치된 조형물에 녹색 스프레이를 뿌리고 그 위로 올라가 현수막을 들고 즉흥 발언을 하기도 했어요. 그런 다음 스펀지를 물에 적셔 스프레이를 닦아냈습니다. 우리를 제지하러 달려온 보안 요원들에게는 준비한 것들만 마치고 내려가겠다고, 그러니 기다려달라고 요청했습니다. 그분들도 이런 일은 처음이셨는지 경찰에 신고 전화를 하고 저희를 지켜보시는데 당황한 표정이 역력했습니다. 어쨌든 그렇게 해서 기획한 일을 완수하고 경찰서로 붙잡혀갑니다.

저희로서는 기업과 경찰과의 직접적인 충돌을 감수하고서라도 이 사안에 대한 사회적 논의를 이어가고 싶었습니다. 기후 위기의 심각성을 알게 된 이상, 우리나라 대기업들이 정부의 지원을 받으면서 석탄 발전 사업을 확장하는 걸 가만히 두고 볼 수는 없었습니다. 법정에서도 이러한 점을 호소했습니다. 해외에서 우리나라 에너지 기업들이 어떻게 돈을 버는지, 친환경 기업이라고 홍보하면서 실상은 다른 나라의 환경과 지구의 기후 시스템을 붕괴시키는 이중성을 비판하고자 했어요.

경찰 조사 이후 형사 재판과 더불어 민사 재판까지 열리게 됩니다. 형사는 1심과 2심에서 500만 원의 벌금형을 선고받았다가, 2024년 5월 대법원에서 재물 손괴에 대해서는 무죄 판결을 받게 됩니다. 그 결과 벌금이 절반 감액되었고, 벌금형으로는 이례적인 집행 유예로 재판을 종결했습니다. 민사 사건은 원고 두산중공업이 1840만 원의 손해 배상을 청구하며 소송이 시작되었어요. 법원이 두산의 주장을 기각하고 두산이 항소를 취하해서 청년기후긴급행동의 승소로 마무리되었어요. 법원에서는 기업의 재산권보다 기후 위기에 악영향을 미치는 석탄 발전소 문제를 알리고자 한 사람들의 표현의 자유를 인정했습니다. 사람들도 언론을 통해 문제점을 알게 됩니다. 그 수년간의 싸움은 기후 위기에 대한 문제의식을 일반 시민과 공유하는 계기가 되었어요.

그러나 안타깝게도 청년기후긴급행동이 재판을 치르는 동안 베트남 붕앙-2 석탄 발전소 건설도 진행되었고, 2025년 완공하여 가동을 시작했습니다. 그뿐만이 아닙니다. 국내에서는 이명박 정권부터 대기업들의 석탄 발전 사업을 허가해준 탓에 최근 10년 사이 동해안에 민자 석탄 발전소가 집중적으로 들어섰습니다. 그중 한 곳이 바로 강원도 삼척이에요. 기후 위기 문제가 전 세계적인 화두가 되고, 청년기후긴급행동이 직접행동 이후 재판을 받으면서 국가 간 기후 부정의 문제를 증언하는 동안 국내에서 일어난 일입니다. 초등학생 때부터 줄곧 서울에서 살아온 저로서는 제 삶의 터전에 대해 진지하게 생각해보는 계기가 되었습니다. 왜냐하면 지방 소도시들에 대규모 석탄 발전소가 지어지는 이유가 바로 서울과 같은 대도시에 전기를 대량 공급하기 위해서라는 걸 알게 되었기 때문이죠.

석탄 발전소 없는 삼척을 꿈꾸다

삼척에 와보신 적이 있나요? 삼척은 서울에서 고속버스로 세 시간 반 걸리는 거리에 있습니다. 2024년 8월 기준 전국 일반시·행정시 중 인구 밀도가 가장 낮은 소도시이기도 하지요. 제가 이주를 결정한 당시에는 이미 삼척 석탄 발전소가 완공되어 상업 운전 단계로 진입한 상황이었습니다. 삼척에서 생활하면서 이전에는 알지 못했던 현실을 마주할 수 있었습니다. 언론이나 논문에는 나오지 않는 삶을 보게 돼요. 발전소 지역에서 살아가는 사람들을 만나고 그들의 삶을 알게 되면서 현장의 중요성을 깨달았습니다. 그러면서 삼척에서 기후운동을 계속하기로 결심했죠.

　발전소 현장에 가보신 분들이 많지는 않을 겁니다. 주로 국가 보안 시설이라는 이유로 엄폐되어 있다고 해요. 삼척의 경우 석탄 발전소가 1km쯤 되는 터널을 통해 들어가면 나오는 폐광산 부지에 있습니다. 삼척블루파워의 경우 2018년도에 착공한 이후 계속해서 주민들과 시민 단체의 반대에 부딪혔습니다. 그 과정을 거치며 마을에서는 분쟁과 피해가 발생하게 돼요. 주민들끼리도 외지인이냐 아니냐 구별하며 경계하기도 하고요. 대도시와 대기업들을 위한 석탄 발전소 때문에 특정 지역 주민들의 삶과 관계망이 완전히 파괴되는 겁니다. 현재 삼척 외에도 전국 각지에서 이런 일이 벌어지고 있습니다. 정작 나는 서울에 살면서 이웃 지역이 희생되는 현실을 내버려둔 채 기후운동을 계속할 수는 없었어요. 주민들과 함께 호흡하며 주민으로서 현장에서부터 대안을 만들고 싶었습니다. 실제로 거주지를 이전하고 일상생활을 하며 활동하면 외부에서는 보이지 않는 문제를 찾아낼 수 있어요.

　이재명 정부는 국내 석탄 발전소를 2040년까지 모두 폐쇄하겠다는 공약을 갖고 출범했습니다. 2025년에 운전을 시작한 발전소라면 최대 15년만 가동하고 중단하겠다는 거예요. 향후 이러한 목표가 조금이라도 더 앞당겨지고 실제로 이행

될 수 있기 위해 사회운동 차원에서 할 수 있는 일들을 해나 갈 거에요. 또한 지역 사회의 현실을 반영하는 정책이 나왔으면 합니다. 발전소 건설 과정에서 훼손된 마을 공동체를 복원하고 다시는 이런 일이 벌어지지 않도록 각종 조례와 규약, 기록 등을 통해 보완해나가야 한다고 생각합니다. 특히 발전소가 들어서는 해안 지역은 기후 변화로 인한 해수면 상승에 취약한 지역이에요. 이러한 부분도 장기적인 안목으로 대책을 마련해야 한다고 봅니다.

2025년부터는 청년기후긴급행동 활동가들이 삼척에 상주하면서 기후 위기 대응에 관한 고민을 나누고 있는데요. 그러다 보면 자연스레 '앞으로 어떻게 살아야 하나' 같은 근원적인 질문과 마주하게 됩니다. 대의도 중요하지만 우리 모두는 구체적인 일상과 생계, 내가 속한 단체의 취약함 등으로 인한 제약을 받을 수밖에 없어요. 앞으로 평생 기후 위기를 실감하면서 살아야 할 텐데, 그랬을 때 궁극적으로 내게 필요한 것은 무엇인지 돌아보게 됩니다.

기후 위기 앞에서 마냥 불안해하거나 냉소하기보다, 지금 내가 할 수 있는 것들이 무엇일지 그리고 누구와 함께하면 좋을지 고민하고 실행에 옮기는 건 아주 중요한 생존 방법이라고 봅니다. 어차피 환경 문제는 개인이 해결할 수 없어요. 공적으로 풀어내야 합니다. 지구 공동체를 위한 정치와 법이 절실합니다. 더 많은 사람이 보다 정의롭고 평등한 지구 공동체를 일구는 과정에 저마다의 방식으로 기여할 수 있으면 합니다. 저 또한 지구의 일부로서 기후 위기 시대에 의미 있는 역할을 감당할 수 있으면 좋겠어요. 청년기후긴급행동 외에도 많은 사람이 현장에서 발로 뛰며 대안을 고민하고 있어요. 앞으로 많은 분이 지구 곳곳에서 일어나는 일에 개입하고 동참했으면 좋겠습니다.

질의응답

Q. 청년의 참여 방법은 무엇인가요?

권우현: 기후 위기는 세대 간 정의 문제를 불러왔습니다. 실제로 기후운동 안에서 청년들이 더 민감하게 반응하고 있습니다. 자신의 문제로 그리고 자신이 마주할, 당면한 미래의 문제로 기후 위기를 받아들이고 있어요. 위기의식이 커지는 가운데 막막함과 무력함 역시 있습니다. 활동가로서 동시대 청년들이 어떻게 참여할 수 있을지, 자기 자리에서 어떻게 첫 걸음을 내디딜 수 있을지에 관해 어떻게 생각하는지 궁금합니다.

강은빈: 그 비법은 자발성과 공동체성에 있다고 생각합니다. 중요한 만큼 어렵기도 해요. 기후운동뿐만 아니라 모든 사회운동은 일반적인 직장 생활과는 다를 수밖에 없다고 생각해요. 누가 시켜서 하는 게 아니라, 자발성이 중요하기 때문이

에요. 그리고 집단적 사고와 실행을 필요로 한다는 점에서 공동체성도 중요해요. 이 점이 특히 제겐 낯설기도 했는데요. 5~6년 동안 많은 사람과 협력하며 활동하다 보니 조금씩 배우고 익히게 되었습니다.

가령, 운동은 혼자만 잘나서 성공할 수는 없습니다. 집단적으로 지혜를 모으고 품을 분담해야 합니다. 그런데 우리에게는 그럴 시간과 체력이 넉넉하지 않습니다. 왜냐하면 각자 생활이 있고, 생업이나 학업이 있기 때문입니다. 그러면 여가 시간을 활용해야 하죠. 그래서 각자의 일과를 마치고, 남은 시간에 기후운동을 한다는 걸 전제로 하면 사실 한계가 있을 수밖에 없습니다. 그걸 인정하고 시작하면 조금 마음이 편합니다. 성과에 대한 조급함을 내려놓고, 고되지만 의미 있는 일을 함께하는 이들의 존재에 감사하고 서로 독려하는 조직 문화가 중요하다는 얘기를 하고 싶었어요. 거기다 운동은 누가 시키는 일을 하는 게 아니다 보니, 자발적으로 모임도 조직해야 하고, 공부도 해야 하고, 회의도 해야 하죠. 그렇기 때문에 저는 기후운동을 '일'로만 접근하지 않았으면 해요. 각자 삶의 고민과 기후 위기 대응책을 연결시키면서 궁극적으로 내 삶을 돌보는 세상^{지구}을 만들어가는 작업이라고 생각하면 좋겠어요. 이 작업을 여럿이 함께 오래한다면, 혼자 하는 것보다 훨씬 더 풍성한 결실을 맺을 수 있습니다. 그리고 보통 혼자 일하면 쉽게 지치기도 해요. 일이 잘 풀리지 않으면 금방 포기하게 되거나 자기를 탓하게 되기도 하고요. 자발적인 동기를 가진 팀을 꾸려서 구성원들과 생각을 나누고 서로를 지지하는 방식으로 활동하는 게 좋겠습니다.

Q. 지역 발전소 건설 현장에서는 어떤 일이 벌어지고 있나요?

권우현: 대표님은 현재 삼척에서 활동하고 있습니다. 앞서 잠깐 설명해주셨지만, 서울에 있다가 삼척으로 간 이유를 좀 더 알고 싶어요. 그곳 상황은 어떤지, 현재 어떤 일에 집중하고 있는지도 궁금합니다.

강은빈: 이주하기 전 작년에는 서울과 삼척을 오가며 활동했습니다. 1년 동안 수십 번을 왔다 갔다 했어요. 여름에는 심층 답사 겸 한 달 정도 멤버들과 함께 머무르기도 했습니다. 그러다 내부 결의를 거쳐 2025년부터는 아예 공간을 월세로 얻어 생활하게 되었습니다. 저희로서는 새로운 도전이었어요. 발전소 관련 현장이 바닷가 농촌 마을인데, 그곳에서 생활하기에는 아직 진입 장벽이 있어서 현재는 삼척 시내에 자리를

기후 위기를 걱정하는 당신을 위한
기후 학교

잡았습니다. 생각보다 지역 적응이 어렵지는 않았습니다.

다만 분쟁 피해 주민 분들과 소통하기 위한 노력은 좀 더 필요한 상황이에요. 우리가 지역에 뿌리내리고 운동을 전개하려면 주민의 신뢰를 쌓는 일이 선행되어야 합니다. 인간적으로 또 이웃으로서 주민분들에게 받아들여져야 함께 대안을 만들어나가는 일도 가능하지 않을까요? 저는 그 과정 자체가 곧 정치이고 평화라고 생각해요.

또 하나 말씀드리고픈 것이, 지역에서 운동을 하는 데는 장기적인 안목이 필요합니다. 지역에 뿌리내리는 일은 하루아침에 이루어지지 않아요. 길게 보면서 지역 주민들과 함께하고 만들어갈 부분을 찾는 데 주력하고 있습니다. 저희의 목표는 삼척이라는 지역 사회가 생태적인 방식과 모습으로 전환되는 것입니다. 지금처럼 황폐화되거나 소멸되지 않는 방식, 그 공간의 가능성을 새롭게 만들어가는 방식을 꿈꾸고 있어요. 기후 위기 시대를 현명하게 헤쳐 나간 모범적인 사례가 되기를 바랍니다. 장기적 전망을 품고 삼척에서 만나는 낯선 어르신 주민들께 말을 붙여보고 인사드리면서 하루를 시작하고 있어요.

권우현: 지역에서 활동하다 보면 환경 단체를 '외부 세력'이라면서 배척하는 분위기를 느낄 때가 있습니다. 실제로 당신들은 여기 살지도 않으면서 왜 간섭하느냐는 비판을 많이 받아요. 지금 대표님은 청년기후긴급행동의 일원으로서 분명한 목적의식이 있잖아요. 그랬을 때 현장의 거부감이나 저항감은 없었는지, 있었다면 어떤 식으로 극복했는지 궁금합니다.

강은빈: 사실 저희는 발전소가 완공되어가는 단계에 결합한 경우이다 보니, 직접적인 배척을 당하지는 않았어요. 그래서 다행히 아직까지는 마을에서 저희를 경계한다는 느낌을 받지는 못했어요. 오히려 이야기를 들어줄 사람들이라고 생각하시는 듯합니다. 그런데 종종 "막을 수 있었을 때 막았어야 했어.", "그렇게 반대했는데도 이미 다 지은 걸 이제 와서 어쩌겠나" 하는 등 체념의 정서를 접하게 돼요. 그럴 때면 저희는 삼척 석탄 발전소 문제는 완공했다고 해서 다 끝난 게 아니다, 조기 폐쇄와 전환의 과제가 남아 있다, 건설 때처럼 지역 내 갈등 분쟁을 겪지 않으려면 주민들의 주도로 전환을 준

비해야 한다고 말씀드려요. 그리고 무엇보다, 석탄 발전소 반대 운동에 연대하러 왔다가 정들어버려서 아예 삼척에서 살게 되었다고 말씀드리면 많이들 반가워하세요.

Q. 정의로운 전환은 어떤 방식으로 이루어져야 할까요?

권우현: 저는 기후 운동에도 풀뿌리 민주주의가 중요하다고 봅니다. 중앙에서 지역 운동으로 내려가는 방식이 아니라, 지역 현장의 요구를 중앙에서 논의하는 방식이어야 한다고 생각해요. 그런 의미에서 강은빈 대표님이 지금 하는 지역 활동이 모범 사례로 여겨지는데요. 현장에서 지역적 맥락과 역사성이 만들어내는 흐름 그리고 중앙의 지향이 함께 갈 때 기후 운동이 활성화될 거라는 생각이 듭니다.

다음 질문은 '정의로운 전환'에 관한 것입니다. 우리가 기후 위기를 말할 때 정의로운 전환이라는 주제가 항상 등장하고, 앞서 강의에서도 이와 관련한 이야기들이 나왔는데요. 우리나라 현실에서는 쉽지 않은 문제입니다. 실제로 현재 산업 재편을 둘러싸고 노동운동과 환경운동 사이에 긴장이 빚어지고 있어요. 예를 들어 에너지 발전 사업을 주관하는 한국수력원자력의 노동자 조직인 노동조합과 환경 단체 사이가 좋지 않습니다. 핵 이슈와 관련해서 한쪽이 기자 회견을 하면 그 소식을 듣고 달려온 노동조합 측에서 반박 기자 회견을 합니다. 충돌을 막기 위해 경찰이 만든 폴리스라인을 사이에 두고 거친 말이 오가기도 해요.

한국 환경운동 역사에서 발전소 폐쇄 과정에서 일자리를 잃은 노동자의 입장에 대한 고민이 부족했던 것은 아닌가, 노동조합과 충분한 연대나 합의가 없었던 것이 아닌가 하는 생각이 들었습니다. 그러나 접점이 없는 것은 아니에요. 예컨대 2017년 5월 한국발전산업노동조합^{발전 노조}에서 성명을 하나 발표했습니다.

당시 문재인 정부는 미세 먼지 감축을 위해 석탄화력 발전소 일시 가동 중단을 실행했어요. 그러면서 미세 먼지가 자주 발생하는 3~6개월간 노후 석탄 발전소 가동 중단을 정례화하고 임기 내 10개의 노후 발전소 폐쇄를 결정해요. 노동자 입장에서는 불리한 내용입니다. 곧바로 고용 불안정성이 커질 테니까요. 그런데 발전 노조는 "문재인 대통령의 미세 먼지 대책 실행을 환영한다"는 제목의 성명서를 냅니다. 고용 문제의 어려움을 해결하겠다는 청와대 관계자의 발언을 소개하며 노후 발전소의 가동 중단을 "애틋하게 환영한다"고 말해요. 정의로운 전환을 요구하는 성숙한 대응이었어요. 이후로도 발전 노조는 환경운동연합을 비롯한 환경 단체들과 연대를 이어가고 있습니다. 매우 모범적인 모델이라고 생각해요.

정의로운 전환과 관련한 산업은 에너지 분야만이 아닙니다. 내연 기관 산업도 고용 축소가 있을 것이고 육식 산업도 영향을 받을 거예요. 이 밖에도 탄소 중립이나 RE100과 관련하여 많은 변화가 있을 것이고 이로 인해 고용이 위태로워지는 사례는 계속 생길 겁니다. 이때 노동조합과 환경 단체가 함께 싸우고 대안을 모색하는 작업이 중요하다고 생각해요. 그리고 또 하나 생각해볼 것이, 해외에 공장을 둔 한국 기업의 문제입니다.

각종 오염 시설을 국내에 두기가 어려워지면서 해외로 옮기는 경우가 많지요. 온실가스를 줄여나가는 과정에서 해외 사업장에서도 노동의 존엄성이 보장되는 방식으로 전환이 되어야 합니다. 이제 우리나라도 경제 대국이 되면서 다국적 기업이 상당히 많아졌거든요. 이런 고민을 해야 할 시점이 되었어요. 앞서 강은빈 대표님도 두산에너빌리티의 해외 석탄화력 발전소 건립과 관련한 투쟁을 소개했었는데요. 이와 관련해서 이야기해주실 수 있을까요?

강은빈: 권우현 님 말씀에 공감합니다. 제가 정치외교학을 공부하면서 베트남 전쟁 관련 자료를 열심히 찾아본 적이 있습니다. 우리도 그들과 비슷한 아픔을 겪었고, 두 국가가 겪은 전쟁과 그 후의 분단 모두 냉전의 산물이라는 유사성이 있었거든요. 좀 더 알아보고 싶은 마음이 있었습니다. 여러분도 잘 아시다시피 20세기는 전쟁의 시대였어요. 세계 대전과 한국 전쟁, 베트남 전쟁 등이 있었고 그 과정에서 핵무기 같은 대량 살상 무기 개발이 이어졌습니다. 그러면서 전쟁을 반대하는 목소리도 커졌어요. 평화와 반전 같은 개념이 시민들의 마음 깊이 자리 잡게 되었죠.

마찬가지 이유로 우리가 기후 위기라는 재난적 상황을 다른 나라에 전가하는 비윤리적 행위도 비판받아 마땅하다고 생각합니다. 이는 과거 전쟁에서 보여주었던 강대국의 약탈 행위와 크게 다르지 않기 때문이에요. 한국은 과거 강대국들의 횡포에 많은 피해를 입었던 나라입니다. 그런데 한국 전쟁 이후 엄청난 경제 성장을 경험하면서 입장이 달라졌어요. 적어도 기후 위기와 관련해서는 책임을 져야 할 주요 국가가 되었다는 점은 부인할 수 없는 사실입니다.

2020년 청년기후긴급행동이 두산 기업에 항의하는 의미로 본사 조형물에 스프레이 칠을 했던 것도 같은 맥락입니다. 재

판 진행 과정에서 두산중공업을 수신인으로 했던 공개서한
을 인용해보겠습니다.

"청년기후긴급행동은 '베트남 붕앙-2 석탄화력 발전소 건설 사업
참여를 철회시키기 위한 조직적인 행동'을 추진해왔습니다. 2020년
어느 날, 한국이 베트남과 인도네시아에 석탄 발전소를 수출하
려 한다는 소식을 접했습니다. 국가 수출 경제 회복을 명목으로,
수억 톤에 달하는 온실가스를 배출해 기후 위기를 가속하고 해
양·대기 생태계와 인근 주민의 생계 터전마저 심각하게 훼손하
는 석탄 발전소를 아시아 각지에 수출한다는 것입니다. 2014년에
가동된 베트남 붕앙-1 석탄 발전소로 인한 하띤성 주민들의 피해
가 극심했다는 사실은 국내 언론을 통해서도 여러 번 보도되었습
니다. 2020년 붕앙-2 석탄 발전소가 지어진다는 소식이 퍼진 후
주민들은 헐값에 집단 이주를 해야만 했습니다."

한국이 잘사는 나라가 되었다고 해서 다른 나라에 고통을 전
가할 권리는 없어요. 오히려 그동안 배출해온 온실가스에 대
한 책임, 앞으로 기후 위기 대응에 더 철저히 나서야 할 의무
가 있을 뿐이죠. 저는 이러한 국제적 '위험의 외주화'를 멈춰
야 한다고 생각합니다. '수출'보다 '기후 위기'가 더 중요하다

는 사실을 더 많은 사람이 알아야 해요. 그래서 저희가 행동한 겁니다. 지구 공동체의 구성원으로서, 생태계의 일원으로서의 우리나라가 해야 할 일 그리고 하지 말아야 할 일들에 대해 메시지를 내고 싶었어요.

'정의로운 전환' 관련해서 삼척 현장에서 느낀 점을 하나 더 말씀드리고자 합니다. 발전소 노동자들과 대화를 나눌 기회가 있었습니다. 그분들 말씀이 지금 20대 신입 노동자 대부분이 정년까지 일할 생각을 갖고 들어온다고 해요. 아무래도 삼척 지역 출신이 많은데, 이분들과도 소통이 필요하겠다고 생각했습니다. 발전소 지역 주민과 마찬가지로 산업 전환과 직접적인 이해 당사자이기 때문입니다. 기후 위기 대응과 전환의 과정에는 수많은 주체가 있고 이러한 특성이야말로 상호 소통과 연대가 필요한 이유라는 생각이 들었습니다.

Q. 2019년 기후정의행진이 한국 환경운동에 미친 영향은 무엇인가요?

권우현: 말씀하신 것처럼 한국은 국제 자본주의 국가 중에서도 화석 연료 개발에 상당한 투자를 하는 나라에 속합니다. 동남아시아 등 개발 도상국에 많은 쓰레기를 버리기도 하죠.

기후 위기를 걱정하는 당신을 위한
기후 학교

베트남 등지에 석탄 발전소를 지었을 때 오는 수익은 한국의 글로벌 기업 몫이 됩니다. 그리고 이 중 일부는 노동자의 임금으로 쓰이겠죠. 때로는 외국에 원전을 짓거나 하는 일이 생계와 직접 연결되는 노동자도 있을 수 있습니다.

이러한 구조 속에서 정의로운 전환을 실현하려면 국제 자본주의 시스템의 폭력적인 위계를 바꾸면서, 그랬을 때 발생하는 노동자의 고용 안정성 문제를 함께 살펴보아야 합니다. 또한 한국 안에서만 생각할 게 아니라 우리가 어떤 책임을 져야 할지 지구적으로 사고할 필요가 있다고 생각합니다.

다음으로는 '기후정의행진'에 관한 질문인데요. 대표님은 2019년 기후위기비상행동을 계기로 활동가가 되었다고 하셨습니다. 이후 2022년에는 저와 함께 기후위기비상행동 공동운영위원장을 했었고요. 기후정의행진이 대표님에게 어떤 의미로 다가왔는지 궁금합니다.

강은빈: 당시 포스터 한 장 보고 우연히 행진에 참석하게 되었는데요. 그전까지 막연하기만 했던 거시적 문제가 집회에 모인 사람들의 목소리 덕분에 상당히 구체화되는 시간이었습니다. 뭔가 분명해지는 느낌이었어요. 아마도 저뿐만은 아니었을 겁니다. 우리 사회에서 공통의 감각 혹은 사건이나 기

억이 될 수 있는 장면이었다고 생각해요. 제게 기후정의행진은 시발점이었고 다음 여정을 함께할 사람들을 만나게 해주었습니다. 이후로 지금까지 기후운동가의 길을 가고 있지만, 당시의 기억은 여전히 생생합니다.

바람이 있다면, 앞으로 그런 계기를 저만이 아니라 더 많은 청년이 누릴 수 있었으면 합니다. 그래서 집회 형식뿐만 아니라 다양한 문화적 접근을 시도하고 있어요. 이를 통해 평소 기후운동에 관심을 가진 사람이라면 좀 더 다가갈 기회가 되고, 낯선 사람에게는 이렇게 많은 사람이 공감하고 있구나, 기후운동이 세상을 바꿀 수 있구나 하는 희망을 심어줄 수 있는 그런 자리를 만들어보고 싶습니다.

기후 정의 다큐멘터리 〈바로 지금 여기〉도 그런 취지에서 만들어졌습니다. 2021년 있었던 두산중공업 사건의 재판 여정을 담은 내용이에요. 제가 서울에서 활동할 때의 장면들이 담겼는데, 이 밖에도 경북 상주와 모잠비크 여성 농민 이야기, 서울 쪽방촌에 사는 분들 이야기도 나옵니다. 지구 각지 농촌과 도시 쪽방촌의 현실을 연결하면서 이 문제가 기후 정의 싸움과 어떻게 연결되는지를 보여줍니다.

2022년경 시작해서 3년 정도 촬영했습니다. 기후정의행진 날짜에 맞춰서 개봉 시기를 잡았어요. 지금 각 지역에서 진행

기후 위기를 걱정하는 당신을 위한
기후 학교

되고 있는 의제들이 극장에서 한데 모이고 만나는 기회가 되었으면 하는 바람이 있습니다. 많은 분이 친구 혹은 가족과 함께 행진하고 영화를 보면서 기후 정의가 우리 삶과 정말 밀접한 문제임을 알아주셨으면 합니다. 그러면 저희에게도 더 많은 동료와 친구, 가족이 생기지 않을까 해요.

권우현: 우리나라 기후운동의 역사에서 2019년에 있었던 기후 집회가 여러모로 의미가 깊다는 데 동의합니다. 이후 매년 기후행진 때마다 각 지역과 현장에서 투쟁하던 활동가와 당사자들이 서울로 올라옵니다. 수만 명이 함께 모여 행진하면서 그동안 지역에서 느끼던 고립감, '내가 이 활동을 하는 것이 의미가 있을까? 이 싸움에 얼마나 힘이 모일 수 있을까?'와 같은 회의감을 해소할 수 있었죠. 뜻을 같이하는 사람들을 보면서 큰 용기를 얻었다고 생각합니다. 구호를 외치고 메시지를 확인하면서 내 목소리로 기후 정의를 말하고 또 다른 사람의 생각을 해석하고 언어화하는 계기가 되었어요.
저는 이후로 지금까지 운동을 계속하면서 그때의 에너지를 어떻게 지속할 것인가를 고민했습니다. 매년 3만 명 이상이 모이는 기후운동의 전기가 마련되었는데, 앞으로 이 힘의 방향이 어디로 향할 것인지, 우리가 어떤 변화를 앞으로 만들어

내야 할지, 조금 더 구체적이고 현실적인 방안을 모색해야 하지 않을까, 기후정의행진이 이러한 질문을 던지고 있는 건 아닐까, 하고 생각했습니다.

Q. 기후정의행진에 동참하려면 어떻게 해야 하나요?

권우현: 기후정의행진에 참여하는 방법은 여러 가지가 있습니다. 먼저 제가 있는 집행 위원회에 들어오는 방식이 있는데, 이 부분은 자원 활동인 터라 무임금이고 노동 강도가 꽤 세다는 점을 감안하셔야 해요. 집행위에서 활동하고 싶다면 조직팀장에게 먼저 의향을 전달하고 저와 이야기를 나누면 됩니다. 다른 방식도 가능합니다. 자기가 소속된 동아리나 단체 차원에서 조직위원회에 가입할 수도 있어요. 기후정의행진에서 함께할 활동에 관해 아이디어를 제공하거나, 단체로 깃발 등을 만들어 참여하겠다고 말씀을 전하면 됩니다.
프로그램에 참여하는 방법은 오프라인에서 당일 자유 발언 같은 걸 진행해도 좋고, 사전에 기후정의행진 SNS에 댓글을 달아도 됩니다. 인스타그램, 페이스북도 있고, 텔레그램 단톡방 같은 것도 있으니 여건에 따라 이용하시면 돼요. SNS에 보시면 개별적으로 혹은 단체로 참여할 방법이 안내되어 있

으니 참고하면 좋겠고, 집행 위원회에 손을 보태고 싶다면 제게 말씀해주시면 되겠습니다.

Q. 활동가로서 살아가는 삶은 어떤지 알고 싶어요

강은빈: 삼척에서는 석탄 발전소 반대 투쟁 이전에 핵 발전소 반대 투쟁이 있었어요. 그러다 보니 에너지 문제에 대한 이해나 전국적 연대 같은 주민 활동가 분들의 경험이 오랜 시간 축적되어 있었어요. 삼척에 연고가 없다시피한 저희가 삼척에 정착하는 데 큰 지지 기반이 되었습니다. 삼척에서 나고 자라신 분들부터 퇴직 교수, 퇴직 발전 노동자 등 근무지가 삼척이었다가 정착하신 분 등 구성도 다양합니다. 이분들과 연대하면서 배운 점도 많았습니다. 그러면서 서로 다른 감수성을 가진 세대 간 연합과 조직 문화 형성 등을 고민하게 되었어요.

삼척에서는 청년기후긴급행동에서 교통비, 식비, 주거 공간 등을 지원받아 생활하고 있습니다. 저는 생계 활동은 따로 하지 않고 운동에만 집중하고 있어요. 그 외 비용은 자부담을 하는데, 생활비 지출 부담이 크지는 않아서 현재로서는 재정적 어려움을 느끼지 않아요. 장기적으로는 운동을 함께 해나

갈 더 많은 사람과 함께 삶의 토대를 꾸려나갈 방안을 고민하고 있어요. 협동조합 모델을 참고해서 지역에 맞는 모임을 설계하고 싶습니다. 그 형태가 영농형 태양광 발전소일 수도 있고, 다른 돌봄 노동일 수도 있어요. 이런 식으로 기후 운동이 지역 사회에 잘 뿌리내리면서도 공동체가 번성할 수 있는 방안을 찾으려 합니다.

Q. 왜 기후정의행진에 정당 참여를 배제하나요?

권우현: 기후정의행진 집행부에 민주당과 국민의힘 등의 정당 참여를 배제하고 있는 걸로 알고 있다며, 그 이유를 물어오셨어요. 설명을 드리자면, 현재 양당뿐 아니라 기업의 참여도 제외하고 있는데요. 행사 참여를 막지는 않습니다. 다만 행사를 주관하는 조직위원회에 들어오는 것은 적절하지 않다고 판단하고 있어요. 정치권과 기업은 현재 기후 위기나 기후 정의와 관련된 많은 문제에 직접적인 책임 소재가 있기 때문입니다. 정의로운 전환 정책, 온실가스 감축 정책을 만들고 실천해야 할 사람들이 거꾸로 무언가를 요구하는 입장이 되어서는 안 된다는 거예요.

한 나라의 기후 정책을 책임질 여당이나, 이를 감시할 야당이

자기 일을 제대로 하지 않으면서 이런 행사를 함께하고 있다면서 홍보의 수단으로 삼을 가능성이 있어요. 일종의 그린워싱으로 오용될 위험을 방지하자는 차원입니다.

외국도 시민 주도 기후운동에 정당 참여를 허용할 것인지를 두고 논란이 계속 있었습니다. 저는 운동의 전략과 판단에 따라 대응하는 것이 맞다고 생각해요. 우리 상황에서 정당 참여가 기후운동의 외연 확장에 도움이 되는지 또는 운동의 방향성과 선명성에 저해가 될 뿐인지 생각해보아야 해요. 현재로서는 우리가 비판해야 할 대상이기에 그들이 주관하게 되면 현재의 운동이 왜곡되거나 변질될 수 있다고 봅니다.

Q. 삼척 발전소 건립 반대 투쟁 시 지역과의 연대가 가능했던 이유가 궁금합니다

강은빈: 지역의 역사와 주민 분들의 삶을 이해하려고 노력하고 있어요. 사실 어떤 면에서는 전통 가부장 문화가 강해서 불화하기도 하고요. 발전소 문제에 대한 관점이나 폐쇄 이후 대안에 대한 접근 방식에도 온도 차이가 있기도 해요. 하지만, 현재 시점에서 저희에게 중요한 건 이전부터 쌓여온 지역 사회의 맥락을 존중하고 서로 연결되는 일입니다.

가령, 삼척시 관할 해역에 발전소 항만 시설을 짓기 위해서
사업자는 삼척시장과 인근 주민들의 동의를 받아야 하는데,
그 절차적 과정에서 마을 주민 분들은 발전소 건설에 반대하
는데도, 이장 등 대표자가 사업자 측에 포섭되어버리는 경우
가 있어요. 그렇게 되면 발전소 측에 주민들이 대항하는 구도
가 사라지고, 주민들 간의 갈등으로 번지고 맙니다.

현재 발전소를 둘러싼 삼척의 상황은 발전소를 찬성하냐 반
대하냐로 갈리는 단계를 넘어섰어요. 이제는 미우나 고우나
삼척 시민 모두가 석탄 발전소와 공존하고 있는 상황이죠. 작
년에 완공되었고 주민들에게 보상도 진행 중인 상태이기 때
문이에요. 그리고 많은 분이 10년 넘는 발전소 건설 과정 가
운데 상처 받고 지친 상태에요. 그래서 저희는 발전소 자체에
대한 찬반보다는 발전소 조기 폐쇄를 앞두고 중요한 정보를
주민들에게 전달하고, 함께 소통하며 전환을 대비하는 일에
관심이 있어요. 주민들이 발전소 건설 당시의 과거를 성찰하
고, 화해하면 더욱 좋겠고요. 주민들이 힘을 모아 대책을 강
구할 수 있었으면 합니다.

기존 주민들 말고 저희 차원에서는, 아무래도 삼척에 발전소
하나가 들어서는 과정에서 발생한 갈등과 피해들을 오래 깊
게 들여다보니 느끼는 바가 많았습니다. 그동안 서울에서 속

편하게 전기를 쓰고 혜택을 누리는 당연함이 부끄럽게 느껴졌습니다. 이런 문제의식과 책임의식이 우리가 삼척에 뿌리내릴 수 있는 원동력이 되어준 것 같아요. 그들의 상처 앞에서 마을의 의미와 역사를 짚어보고 우리가 협력할 수 있는 게 무엇일지 진지하게 고민하게 되었습니다. 살아온 배경도 세대도 다른 이들과 함께 공동의 미래를 이야기하고, 함께 당면한 어려움을 타개할 방법을 모색하는 일은 활동가이기 이전에 한 사람으로서도 값진 일이라고 생각합니다. 기후운동을 하면서 힘든 일도 많이 겪지만, 주변의 격려와 현장 감각이 큰 동기 부여가 돼요. 앞으로 우리의 노력이 장기적으로 결실을 맺으리라 믿으며 하루하루 희망을 가져봅니다.

이미지 출처와 페이지

로마클럽 59

박정훈 149, 217

빠마 210

시네마달 133

위키백과 108, 159

정부 간 기후 변화 협의체 48